세밀화로 그린 보리 어린이
동물 흔적 도감

세밀화로 그린 보리 어린이

동물 흔적 도감 (보급판)

글, 감수 박인주 (중국 헤이룽장성 야생동물연구소 교수, 전 서울대학교 초빙 교수)
흔적 그림 문병두
짐승 세밀화 강성주
세밀화 디렉터 이원우

도와주신 분 김상현(강원 평창), 김수일(전 한국교원대학교 교수, 새 자문), 김익승(서울 화양초등학교 교사)
　　　　　　 김정금(경북 봉화), 박그림(산양연구소, 산양 감수), 박상신(전북 부안), 박진영(국립환경과학원, 새 감수)
　　　　　　 신이현(국립보건연구원, 쥐와 땃쥐 감수), 심재열(강원 평창), 양근석(강원 양양)
　　　　　　 윤명화(경성대학교 생물학과 교수, 박쥐 감수), 이병화(강원 양구), 이상직(국립수목원)
　　　　　　 이순조(강원 양구), 이장호(서울대학교 환경대학원 박사 과정, 새 감수), 이종식(경북 봉화)
　　　　　　 정창수(강원 양구 옛 산양증식장), 차수민(전 지리산 반달가슴곰 관리팀)
　　　　　　 탁동철(속초 청호초등학교 교사), 탁봉림(강원 양양), 한상훈(국립공원연구원 종복원센터 복원팀장)
　　　　　　 한성용(한국수달연구센터, 수달 감수), 황근연(국립수목원), 황기영(야생동물소모임)
도와주신 곳 국립공원연구원 종복원센터, 국립수목원 산림동물원(경기 포천), 대전동물원, 변산공동체(전북 부안)
　　　　　　 서울대공원 동물원, 야생동물구조센터(경기 양주, 강원 철원), 양수 멧돼지 농장(경기 양평)
　　　　　　 에버랜드 동물원, 화천군청(강원 화천), 환경부 자연자원과

초판 편집 김미주, 김종현, 백승온, 심조원, 유현미, 이대경, 이상민, 전광진
디자인 이안디자인

기획실 김소영, 김수연, 김용란　│　**디자인** 한아람　│　**제작** 심준엽
영업마케팅 김현정, 심규완, 양병희　│　**영업관리** 안명선　│　**새사업부** 조서연
경영지원실 노명아, 신종호, 차수민　│　**인쇄** (주)로얄프로세스　│　**제본** 과성제책

초판 1쇄 펴낸 날 2006년 4월 25일
보급판 1쇄 펴낸 날 2016년 4월 15일 │ **7쇄 펴낸 날** 2024년 10월 21일
펴낸이 유문숙
펴낸 곳 (주)도서출판 보리
출판 등록 1991년 8월 6일 제 9-279호
주소 (10881) 경기도 파주시 직지길 492
전화 영업 (031) 955-3535, 편집 (031) 955-9542 │ **전송** (031) 950-9501
누리집 www.boribook.com │ **전자우편** bori@boribook.com

ⓒ 보리, 2006
이 책의 내용을 쓰고자 할 때는 저작권자와 출판사의 허락을 받아야 합니다.
잘못된 책은 바꿔 드립니다.
값 25,000원

보리는 나무 한 그루를 베어 낼 가치가 있는지 생각하며 책을 만듭니다.

ISBN 978-89-8428-913-0 76400
ISBN 978-89-8428-901-7 (세트)
이 도서의 국립중앙도서관 출판시도서목록(CIP)은 서지정보유통지원시스템 홈페이지(http://seoji.nl.go.kr)와
국가자료공동목록시스템(http://www.nl.go.kr/kolisnet)에서 이용하실 수 있습니다. (CIP 제어번호: CIP2016007439)

제품명 : 도서 제조자명 : (주) 도서출판 보리 주소 : (10881) 경기도 파주시 직지길 492 전화번호 : (031) 955-3535
제조년월 : 2024년 10월 제조국 : 대한민국 사용연령 : 8세 이상 주의사항 : 책의 모서리가 날카로우니 다치지 않게 주의하세요.
KC 마크는 이 제품이 공통안전기준에 적합하였음을 의미합니다.

세밀화로 그린 보리 어린이

동물 흔적 도감

야생 동물을 찾아가는 어린이 현장학습 길잡이

그림 문병두, 강성주 | 감수 박인주

보리

머리글

왜 산에 가도 짐승이 안 보일까요?

우리나라에는 산이 많아요. 산에는 온갖 산짐승과 새들과 벌레들이 살고 있지요. 그런데 나무가 우거진 산에 가도 짐승은 좀처럼 만날 수 없어요. 운이 좋으면 다람쥐나 청설모는 더러 만나지만 다른 짐승은 통 보기가 어려워요. 너구리, 족제비, 고라니, 삵 같은 우리 짐승들은 도대체 어디에 있는 걸까요?

짐승들은 보통 낮에는 보금자리에 꼭꼭 숨어 있다가 밤이 되어야 먹이를 찾아 돌아다녀요. 그런데 사람은 낮에 산에 가지요. 다람쥐나 청설모는 낮에 돌아다니기 때문에 우리 눈에 잘 띄지만 밤에 나오는 다른 동물들은 낮에는 도무지 볼 수가 없지요. 또 짐승들은 눈도 밝고, 귀도 밝고, 냄새도 잘 맡고, 행동도 재빨라요. 멀리서도 누가 다가오는지 알아채고 일찌감치 숨거나 달아나 버립니다.

짐승은 수도 곤충이나 새보다 훨씬 적어요. 새는 수백 종, 곤충은 수만 종이지만 산짐승은 다 해야 수십 종에 그친답니다. 또 새는 울음소리를 들을 수 있고 깃털도 화려한 것이 많아서 쉽게 눈에 띄지요. 하지만 짐승은 소리도 짝짓기 철에만 잠깐 내고, 털색도 단조롭고 둘레 환경과 비슷한 보호색이어서 눈에 잘 안 띄지요.

날이 갈수록 짐승을 만나기는 더 어려워지고 있습니다. 산에 자꾸 길이 나고 집이나 공장 같은 것이 마구 들어서면서, 짐승들이 마음 놓고 살 곳이 점점 없어지고 있어요. 곰처럼 몇 마리만 살아남아 있거나 호랑이처럼 남녘 땅에서는 아예 자취를 감춰 버린 짐승도 있어요.

이렇게 짐승을 눈앞에서 만나기는 아주 어려워요. 그러나 짐승이 남긴 발자국이나 똥 같은 흔적은 쉽게 찾을 수 있지요. 조금만 눈여겨보면 가까운 산이나 마을 둘레에서도 산짐승이 남긴 흔적을 찾아볼 수 있답니다.

왜 짐승 흔적을 알아야 할까요?

　아주 먼 옛날에는 짐승 흔적을 알아야 먹고살았어요. 짐승의 똥이나 발자국을 가려낼 줄 알아야 뒤를 쫓아서 사냥을 할 수 있었으니까요. 요즘은 짐승과 함께 어울려 살기 위해서 흔적을 배운답니다. 짐승에 대해서 잘 알아야 이 땅에서 사라지지 않도록 지켜 줄 수 있으니까요.
　새나 곤충은 쉽게 볼 수 있기 때문에 굳이 흔적을 찾을 필요가 없어요. 하지만 산짐승은 보기가 무척 어려워요. 그러니 짐승에 대해 알고 싶으면 짐승이 남긴 흔적을 잘 살펴야 해요. 발자국이나 먹이를 먹은 자리나 똥을 살펴보면 어떤 짐승이 우리 땅에 살고 있는지, 또 어디에서 어떤 모습으로 지내고 있는지 짐작할 수 있습니다. 그리고 흔적으로 공부하면 아무런 해를 끼치지 않고 산짐승에 대해 알아 나갈 수 있어요.
　여러분도 산과 들에 나가서 짐승 흔적을 찾아보세요. 살아 있는 짐승에 대해 배우는 재미있는 시간이 될 거예요. 자, 그럼 밖으로 나가 볼까요?

2006년 4월　박인주

차례

머리글 4
일러두기 10
우리나라 젖먹이동물 13
동물이 남긴 흔적 16

산과 들에서 사는 짐승

고슴도치 32

두더지 34
    두더지 발자국과 땅굴 자국 36

땃쥐 38

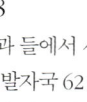
박쥐 40

청설모 42
    청설모가 먹은 자국 44
    청설모가 뒤진 자리 46
    청설모 둥지 48
    청설모 발자국 50

다람쥐 52
    다람쥐 발자국과 굴 54

하늘다람쥐 56

쥐 58
    산과 들에서 사는 쥐 60
    쥐 발자국 62
    쥐가 먹은 자리 64
    쥐 굴 66
    멧밭쥐 둥지 68
    죽은 쥐 관찰 71

멧토끼 72
    멧토끼 발자국 74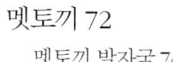

　　　　　멧토끼 똥 76
　　　　　멧토끼가 먹은 자국 78
　　　　　멧토끼 쉼터 80
　　　　　멧토끼가 다니는 길 82
　　　　　멧토끼 올무 83

너구리 84
　　　　　너구리 똥 86
　　　　　너구리 똥에서 나왔어요 88
　　　　　너구리 발자국 90
　　　　　죽은 너구리 관찰 91
　　　　　너구리가 다니는 길 93

늑대 94

승냥이 96

여우 98

반달가슴곰 100
　　　　　반달가슴곰 발자국 102
　　　　　반달가슴곰 똥과 발톱 자국 103

불곰 104

족제비 106
　　　　　족제비 발자국 108
　　　　　족제비 똥 110
　　　　　족제비 똥에서 나왔어요 111
　　　　　족제비가 먹은 자국 112
　　　　　밍크 113

무산흰족제비 114
　　　　　무산흰족제비 발자국 116

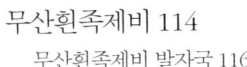

수달 118
　　　　　수달 발자국 120
　　　　　수달 꼬리 끌린 자국 122

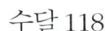

수달 똥 123
수달 똥에서 나왔어요 125

노란목도리담비 126

오소리 128

오소리 발자국 130
오소리 똥과 굴 131

삵 132

삵 발자국 134
삵 똥 136
삵 똥에서 나왔어요 137
삵이 잡아먹은 흔적 138
삵이 다니는 길 139

스라소니 140

표범 142

호랑이 144

멧돼지 146

멧돼지 발자국 148
멧돼지 똥 150
멧돼지 똥에서 나왔어요 151
멧돼지 오줌 자국 152
멧돼지가 뒤진 자리 153
멧돼지가 등을 비빈 자국 154
멧돼지 올무 155

고라니 156

고라니 발자국 158
고라니 똥 160
고라니가 먹은 자국 162
고라니 털갈이 163
고라니 잠자리 164
고라니가 다니는 길 165

노루 166

노루 발자국 168

노루 똥 170
노루 오줌 자국 171
노루가 먹은 자국 172

꽃사슴 174

누렁이 176

산양 178

산양 똥 180
산양 쉼터 182
산양 발자국 183
산양이 먹은 자국 184
산양이 뿔로 비빈 자국 186
산양이 다니는 길 187

새가 남긴 흔적

새 발자국 190

새똥 202

새똥에서 나왔어요 203

펠릿 205

펠릿에서 나왔어요 207

새가 먹은 자리 208

새 둥지 210

새 모래 목욕 211

죽은 새 관찰 212

더 알아보기 216

참고한 책 233

학명 찾아보기 234

가나다 찾아보기 235

일러두기

1. 이 책에는 우리나라 남녘과 북녘에 걸쳐 뭍에서 사는 젖먹이동물 34종이 실려 있습니다. 흔히 볼 수 있는 새 흔적도 함께 담았습니다. 세밀화와 생태 그림은 현장에서 하나하나 취재하여 그린 것입니다.

2. 젖먹이동물은 분류 차례에 따라 실었습니다. 동물 분류와 이름과 학명은 《한국의 포유동물》(동방미디어, 2004), 《한국동물명집》(아카데미서적, 1997), 《야생 동물》(윤명희, 대원사, 1992), 《조선짐승류지》(원홍구, 과학원출판사, 1968, 평양), 《한국동식물도감 제7권 동물편 포유류》(문교부, 1967)를 참고했습니다.

3. 분류에서 과(科) 이름은 알아보기 쉽도록 사이시옷을 빼고 고양잇과를 고양이과, 갯과를 개과로 표기했습니다. '다른 이름'은 《한국방언사전》(최학근, 1994)을 참고했습니다. 취재한 곳에서 만난 마을 어른들에게 들은 이름도 넣었습니다. '민통선'은 '민간인출입통제선'을 줄인 말입니다.

4. 더 자세한 설명이 필요한 것은 번호를 달아 놓았습니다. 〈더 알아보기〉를 찾아보세요.

5. 발자국 크기는 세로 길이와 가로 길이를 나타낸 것입니다. 똥이나 새 펠릿 크기는 길이와 지름을 나타냈습니다. 걸음 폭은 앞발 앞 끝에서 다음 앞발 앞 끝이나, 뒷발 앞 끝에서 다음 뒷발 앞 끝까지 잰 길이입니다.

〔보기〕 늑대 발자국
9×7㎝ (세로×가로)
9㎝ (세로)
7㎝ (가로)

〔보기〕 너구리 발자국
걸음 폭 40~60㎝
걸음 폭

〔보기〕 수리부엉이 펠릿
6×3㎝ (길이×지름)
3㎝ (지름)
6㎝ (길이)

6. 본문 보기

이름

다른 이름

학명

분류, 먹이, 수명, 몸길이, 몸무게, 특징 같은 내용을
따로 묶었습니다.

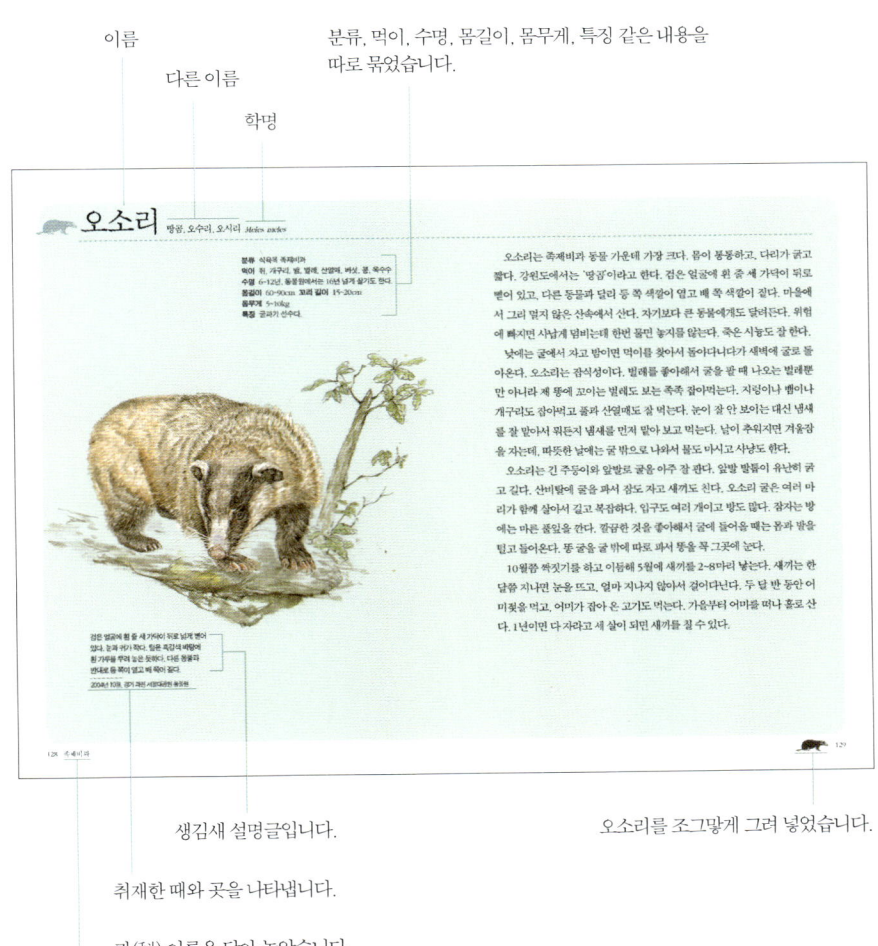

생김새 설명글입니다.

취재한 때와 곳을 나타냅니다.

과(科) 이름을 달아 놓았습니다.

오소리를 조그맣게 그려 넣었습니다.

11

우리나라 젖먹이동물

젖먹이동물은 새끼를 낳아서 젖을 먹여 기르는 동물이다. 포유동물이라고도 한다. 우리나라에는 모두 120종쯤 되는 젖먹이동물이 살고 있다. 그 가운데 쥐, 너구리, 삵, 고라니, 반달가슴곰처럼 산과 들에서 사는 젖먹이동물이 82종, 물개와 고래처럼 바다에서 사는 젖먹이동물이 40종이 넘는다.[1] 개나 돼지, 소, 염소, 토끼, 고양이 같은 집짐승과 사람도 젖먹이동물이다.

젖먹이동물은 뼈와 근육이 발달했다. 튼튼한 네 다리로 잘 뛰고, 앞니, 송곳니, 어금니 같은 이빨로 먹이를 끊거나 잘 씹을 수 있다. 또 머리가 좋고, 눈과 귀가 밝고 냄새도 잘 맡는다. 겨울잠 잘 때를 빼고 몸이 늘 따뜻하다. 살가죽은 털로 덮여 있는데, 털 속이 비어 있어서 가볍고 따뜻하다. 해마다 봄가을이면 털갈이를 하는데, 봄에는 더운 여름을 나기 좋게 솜털이 빠지고 가을에는 추운 겨울을 나기 좋게 따뜻한 솜털이 빽빽하게 나온다. 수명은 짧게는 1~2년이고, 길게는 수십 년에서 백 년이 넘게 사는 것도 있다.

식충목
식충목은 벌레를 잡아먹는 동물 무리라는 뜻으로 젖먹이동물 가운데 진화 단계가 가장 낮다. 고슴도치, 두더지, 땃쥐 따위가 있다. 대부분 주둥이가 길고 뾰족하며, 몸집은 작지만 엄청나게 많이 먹는다.

박쥐목(익수목)
박쥐목은 젖먹이동물 가운데 쥐목 다음으로 수가 많다. 날개막이 있어서 새처럼 날 수 있다. 다리가 약해서 땅에서는 잘 걷지 못한다. 하룻저녁에 제 몸무게의 3분의 1쯤 되는 먹이를 잡아먹는다. 파리나 나방이나 하루살이 같은 벌레를 많이 잡아먹는다. 날이 추워지면 동굴 벽이나 천장에 거꾸로 매달려 겨울잠을 잔다.

쥐목(설치목)

쥐목은 젖먹이동물 가운데 수가 가장 많다. 한 해에 여러 번 새끼를 친다. 앞니가 크고 튼튼해서 무엇이든 갉아 대고, 이것저것 가리지 않고 잘 먹는 잡식성이다. 대부분 몸집이 작고 꼬리가 길며, 뒷발이 앞발보다 훨씬 크다. 청설모나 다람쥐도 쥐목에 든다. 쥐나 청설모는 겨울잠을 안 자고, 다람쥐는 겨울잠을 잔다.

토끼목

토끼는 쥐목에 들어 있다가 토끼목으로 따로 갈라져 나왔다. 쥐처럼 앞니가 발달했다. 먹이를 씹을 때 아래턱을 양옆으로 움직인다. 우리나라에는 멧토끼와 우는토끼 두 종이 있다.

식육목

식육목은 고기를 먹는 동물 무리라는 뜻이다. 육식 동물이라고도 한다.[2] 크고 날카로운 이빨이 있어서 고기를 물고 찢기 좋다. 보통 혼자 산다. 우리나라에는 개과, 곰과, 족제비과, 고양이과 동물 15종이 산다. 같은 식육목이라도 너구리나 곰이나 오소리는 이것저것 가리지 않고 다 먹는 잡식성이다. 또 다른 동물과 달리 겨울잠을 잔다.

소목(우제목)

소목은 소처럼 발굽이 두 개씩 있는 동물이다. 우리나라에는 멧돼지과, 사향노루과, 사슴과, 소과 동물 7종이 있다. 거의 다 풀이나 나무만 먹는 초식 동물이고 성질이 순하다. 멧돼지만 잡식성이고 힘이 세다. 소목 동물은 모두 겨울잠을 안 잔다.

뭍에서 사는 우리나라 젖먹이동물 82종

목명	과명	종명
식충목 (13종)	고슴도치과 두더지과 첨서과	고슴도치* 두더지* 땃쥐*, 제주땃쥐, 작은땃쥐(우수리땃쥐), 갯첨서, 뒤쥐, 백두산뒤쥐, 쇠뒤쥐, 큰발뒤쥐, 꼬마뒤쥐, 큰첨서, 긴발톱첨서
박쥐목 (익수목, 25종)	관박쥐과 애기박쥐과 큰귀박쥐과	관박쥐, 제주관박쥐 윗수염박쥐(큰수염박쥐), 작은윗수염박쥐(쇠큰수염박쥐), 긴꼬리윗수염박쥐(긴꼬리수염박쥐), 흰배윗수염박쥐, 오렌지윗수염박쥐(붉은박쥐), 물윗수염박쥐(우수리박쥐), 큰발윗수염박쥐, 참긴귀박쥐, 검은토끼박쥐, 집박쥐*, 큰집박쥐(대구양박쥐), 멧박쥐, 북방애기박쥐(애기박쥐, 함북쇠박쥐), 안주애기박쥐(안주쇠박쥐), 생박쥐(작은졸망박쥐), 고려박쥐(평남졸망박쥐), 문둥이박쥐(굵은가락졸망박쥐), 고바야시박쥐(서선졸망박쥐), 작은관코박쥐(쇠뿔박쥐), 금강산관코박쥐(뿔박쥐), 북관코박쥐(북방뿔박쥐), 긴날개박쥐(긴가락박쥐) 큰귀박쥐(북방큰귀박쥐)
쥐목 (설치목, 20종)	다람쥐과 뛰는쥐과 쥐과	청설모*, 다람쥐*, 하늘다람쥐*, 날다람쥐* 긴꼬리꼬마쥐 집쥐(시궁쥐)*, 애급쥐(곰쥐), 생쥐, 멧밭쥐*, 등줄쥐*, 북숲쥐, 흰넓적다리붉은쥐*, 비단털들쥐, 대륙밭쥐, 숲들쥐, 갈밭쥐, 쇠갈밭쥐, 비단털등줄쥐, 비단털쥐, 사향쥐
토끼목 (2종)	우는토끼과 멧토끼과	우는토끼 멧토끼*
식육목 (15종)	개과 곰과 족제비과 고양이과	너구리*, 늑대*, 승냥이*, 여우* 반달가슴곰*, 불곰* 족제비*, 무산흰족제비(쇠족제비)*, 수달*, 노란목도리담비*, 오소리* 삵*, 스라소니*, 표범*, 호랑이*
소목 (우제목, 7종)	멧돼지과 사향노루과 사슴과 소과	멧돼지* 사향노루* 고라니*, 노루*, 꽃사슴(대륙사슴)*, 누렁이(백두산사슴)* 산양*

*표시한 종은 본문에 나오는 종입니다.

동물이 남긴 흔적

발자국

발자국은 똥과 함께 동물이 가장 많이 남기는 흔적이다. 발자국을 늘 볼 수 있는 것은 아니다. 단단한 흙바닥이나 나뭇잎이 많이 쌓인 산길에서는 보기 어렵다. 바닥이 진흙이나 모래일 때, 또 겨울에 눈이 내려 쌓였을 때 동물의 발자국을 많이 볼 수 있다. 발자국은 어떻게 알아볼 수 있을까?[5]

발자국 쉽게 알아내기

앞발 발가락 4, 뒷발 발가락 4, 발톱 찍힘 : 식육목 개과

개과 동물은 앞발 발가락과 뒷발 발가락이 네 개씩 찍히고, 발톱도 찍힌다. 발톱은 개과 동물이 가장 잘 찍힌다. 앞발 발자국이 조금 더 크다.

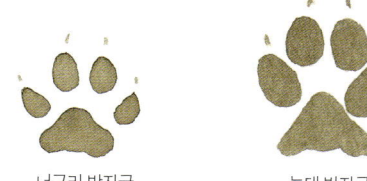

너구리 발자국　　늑대 발자국　　여우 발자국

앞발 발가락 4, 뒷발 발가락 4, 발톱 안 찍힘 : 식육목 고양이과

고양이과 동물은 앞발 발가락과 뒷발 발가락이 네 개씩 찍힌다. 발톱이 있지만 숨기고 다니기 때문에 발자국에는 안 찍힌다.

삵 발자국　　표범 발자국　　호랑이 발자국

앞발 발가락 5, 뒷발 발가락 5, 발톱 찍힘 : 식충목, 식육목 족제비과와 곰과
족제비과 동물, 곰과 동물, 식충목 동물은 앞발과 뒷발에 발가락이 다섯 개씩 찍히고, 발톱도 찍힌다.

앞발　　뒷발　　　　　앞발　　　뒷발　　　　　앞발　　　　　뒷발
　　땃쥐 발자국　　　　　족제비 발자국　　　　　　반달가슴곰 발자국

앞발 발가락 4, 뒷발 발가락 5, 발톱 찍힘 : 쥐목
쥐 발자국은 작다. 땃쥐 발자국과 무척 비슷한데, 땃쥐는 앞발 뒷발 모두 발가락이 다섯 개이고, 쥐는 앞발 발가락이 네 개다.

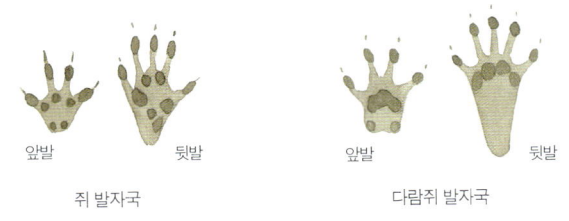

앞발　　　뒷발　　　　　　앞발　　　　뒷발
　쥐 발자국　　　　　　　　다람쥐 발자국

앞발 발가락 2, 뒷발 발가락 2, 작은 발굽이 찍히기도 하고 안 찍히기도 함 : 소목
소목 동물은 앞발과 뒷발에 모두 발굽 두 개만 있다. 멧돼지 발자국은 큰 발굽 아래 작은 발굽도 늘 함께 찍힌다.

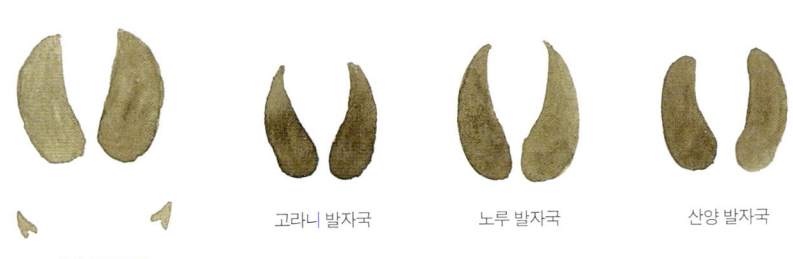

멧돼지 발자국　　　고라니 발자국　　　노루 발자국　　　산양 발자국

발바닥 구조

동물 발자국은 발바닥 생김새에 따라 다르다. 발바닥은 발톱과 발가락과 발바닥 못으로 이루어져 있다. 발바닥 못은 발바닥 패드라고도 한다. 발톱은 점이나 세모꼴로 찍히고 발가락은 원형이나 타원형으로 찍힌다. 발바닥 못은 몸무게를 지탱해 주고, 몸에 오는 진동이나 충격을 줄여 주는 구실을 한다.

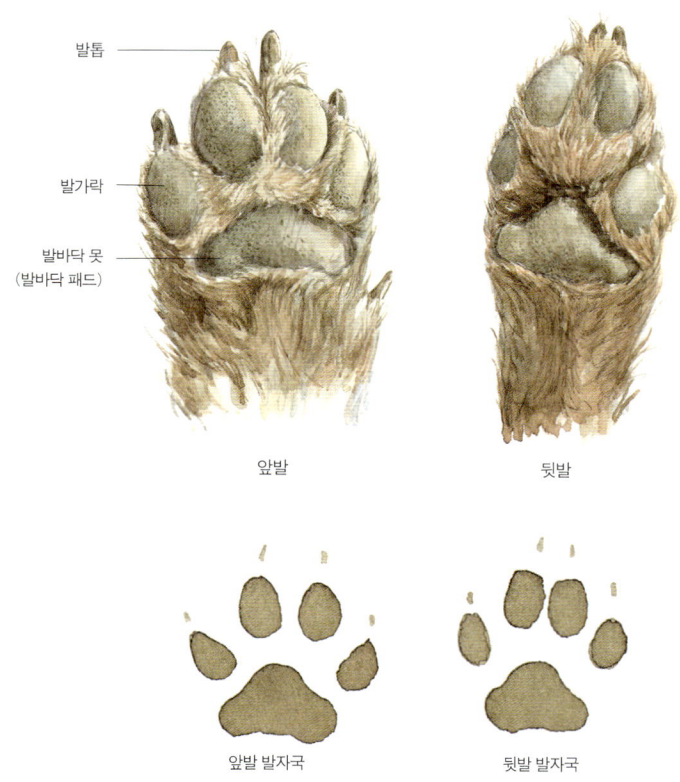

앞발 　　　　　 뒷발

앞발 발자국 　　　　　 뒷발 발자국

너구리 같은 개과 동물과 삵 같은 고양이과 동물은 발가락이 크고 발달했다. 발자국에서는 발톱과 발가락이 떨어져 있는 것처럼 찍힌다.

너구리 발바닥과 발자국

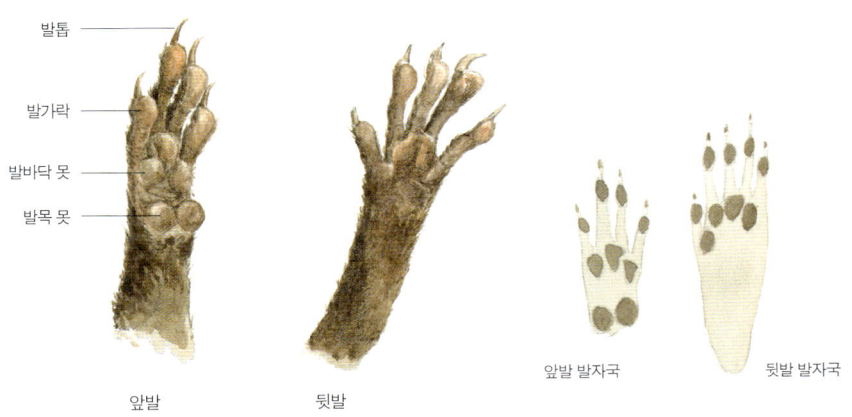

청설모 발바닥과 발자국

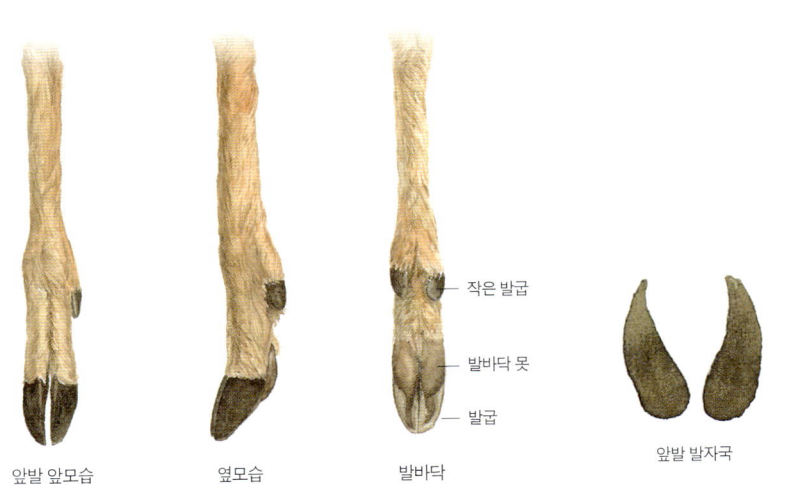

고라니 같은 소목 동물은 발굽이 발달했다.
발굽은 발톱이 변한 것이다.

고라니 발바닥과 발자국

똥과 펠릿

동물은 똥과 오줌으로 제 땅임을 알리는 영역 표시를 많이 한다. 똥을 자세히 살펴보면 무엇을 먹고 사는지도 알 수 있다. 펠릿은 새가 입으로 토해 내는 찌꺼기 덩어리이다. 얼핏 보면 짐승 똥처럼 보인다.

초식 동물 똥
풀이나 나뭇잎이나 나뭇가지를 먹는 초식 동물은 알 똥을 싼다. 식물만 먹기 때문에 똥이 깨끗하고 냄새도 거의 안 난다.

동그랗고 납작한 멧토끼 똥

한쪽은 오목하게 들어가고 다른 한쪽은 뾰족하게 튀어나온 고라니 똥

알 똥 수십 개가 뭉쳐서 나온 고라니 똥

양 끝이 뭉툭하게 튀어나온 산양 똥

육식 동물 똥

고기를 먹는 육식 동물은 똥자루가 길쭉한 줄기 똥을 싼다. 보통 똥구멍에서 먼저 나오는 쪽은 끝이 뭉툭하고 나중에 나오는 쪽은 가늘다. 고기를 먹고 싼 똥이라 냄새가 심하고 색깔은 거무튀튀하다.

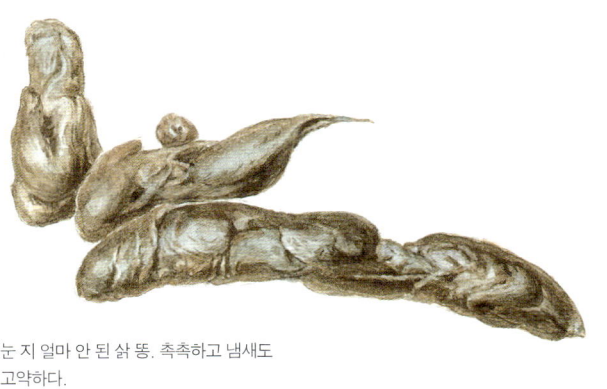

눈 지 얼마 안 된 삵 똥. 촉촉하고 냄새도 고약하다.

눈 지 오래돼서 바싹 마른 족제비 똥. 쥐 뼈가 보인다. 배배 꼬여 있다.

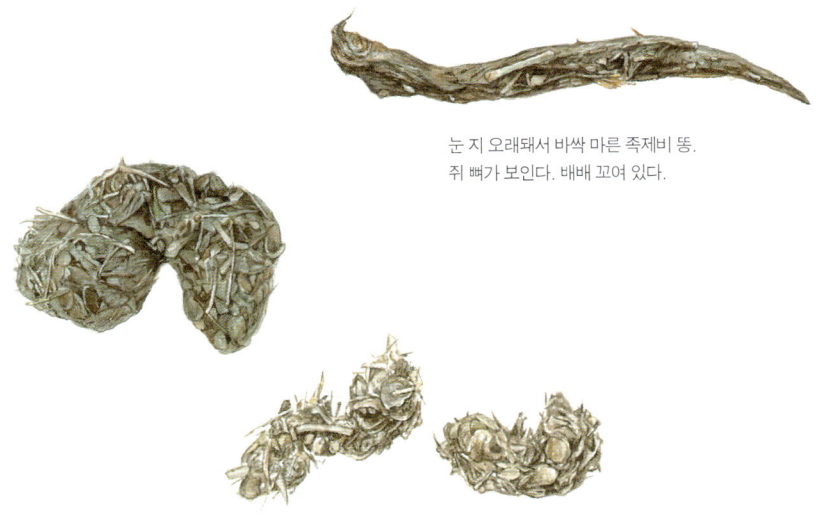

물고기 뼈와 가시가 잔뜩 들어 있는 수달 똥. 비릿한 냄새가 난다.

잡식 동물 똥

식물도 먹고 동물도 먹는 잡식 동물로는 너구리나 멧돼지, 오소리, 곰, 청설모 따위가 있다. 너구리나 오소리는 다른 육식 동물처럼 길쭉한 덩어리 똥을 주로 싼다. 멧돼지는 밤이나 땅콩같이 생긴 알 똥을 줄줄이 싸기도 하고 긴 덩어리 똥도 싸고 물똥도 싼다. 청설모 똥이나 쥐똥은 작고 가늘고 긴 알 똥이다.

무더기로 쌓여 있는 너구리 똥. 벼 껍질도 보이고 새 털과 뼈도 보인다.

밤톨만 한 멧돼지 똥. 곰팡이가 피었다.

다니는 길에 흘려 놓은 멧돼지 똥

청설모 똥

새똥

풀이나 나무 열매를 먹는 새들은 주로 원통형 된똥을 싼다. 왜가리나 갈매기 똥은 물찌똥이어서 똥만으로는 무엇을 먹었는지 알 수 없다. 똥에 허옇게 묻어 있는 것이 오줌이다. 새는 똥오줌을 따로 싸지 않고 한꺼번에 싼다.

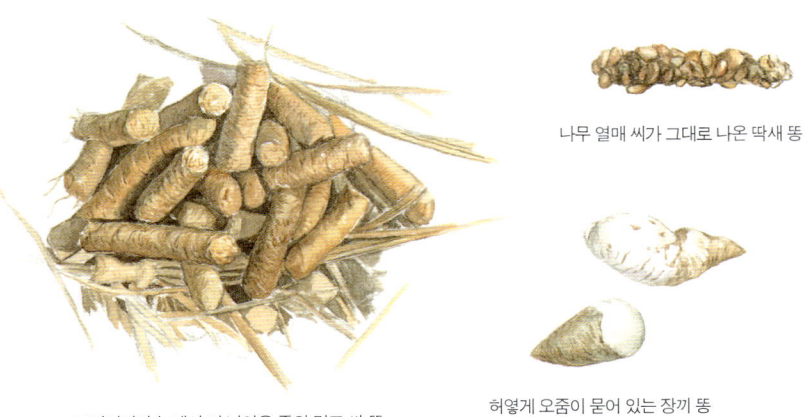

나무 열매 씨가 그대로 나온 딱새 똥

허옇게 오줌이 묻어 있는 장끼 똥

큰기러기가 논에서 벼 낟알을 주워 먹고 싼 똥

펠릿

펠릿은 새가 짐승 고기를 먹은 뒤 입으로 토해 낸 찌꺼기 덩어리다. 얼핏 보면 육식 동물이 싼 똥 덩어리처럼 보이기도 한다. 냄새가 똥처럼 고약하지 않다. 또 짐승 털이나 뼈 부스러기가 들어 있어서 무엇을 먹었는지도 알 수 있다.

독수리가 고라니를 먹고 토해 낸 펠릿. 고라니 털로만 되어 있어서 실이 성글게 뭉쳐진 것 같다.

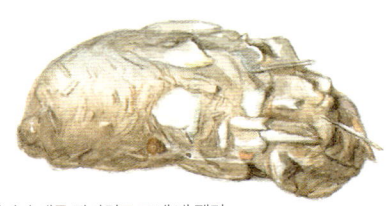

수리부엉이가 새를 잡아먹고 토해 낸 펠릿

참매가 흰쥐를 먹고 토해 낸 펠릿

먹은 자리

동물이 먹은 자리는 티가 난다. 초식 동물은 풀이나 나뭇가지에 뜯어 먹거나 갉아 먹은 자국을 남긴다. 육식 동물은 사냥한 먹이의 고기와 내장을 먹고 뼈나 털 따위를 남긴다. 너구리나 멧돼지는 먹이를 찾아 여기저기 뒤진 자국을 남기기도 한다.

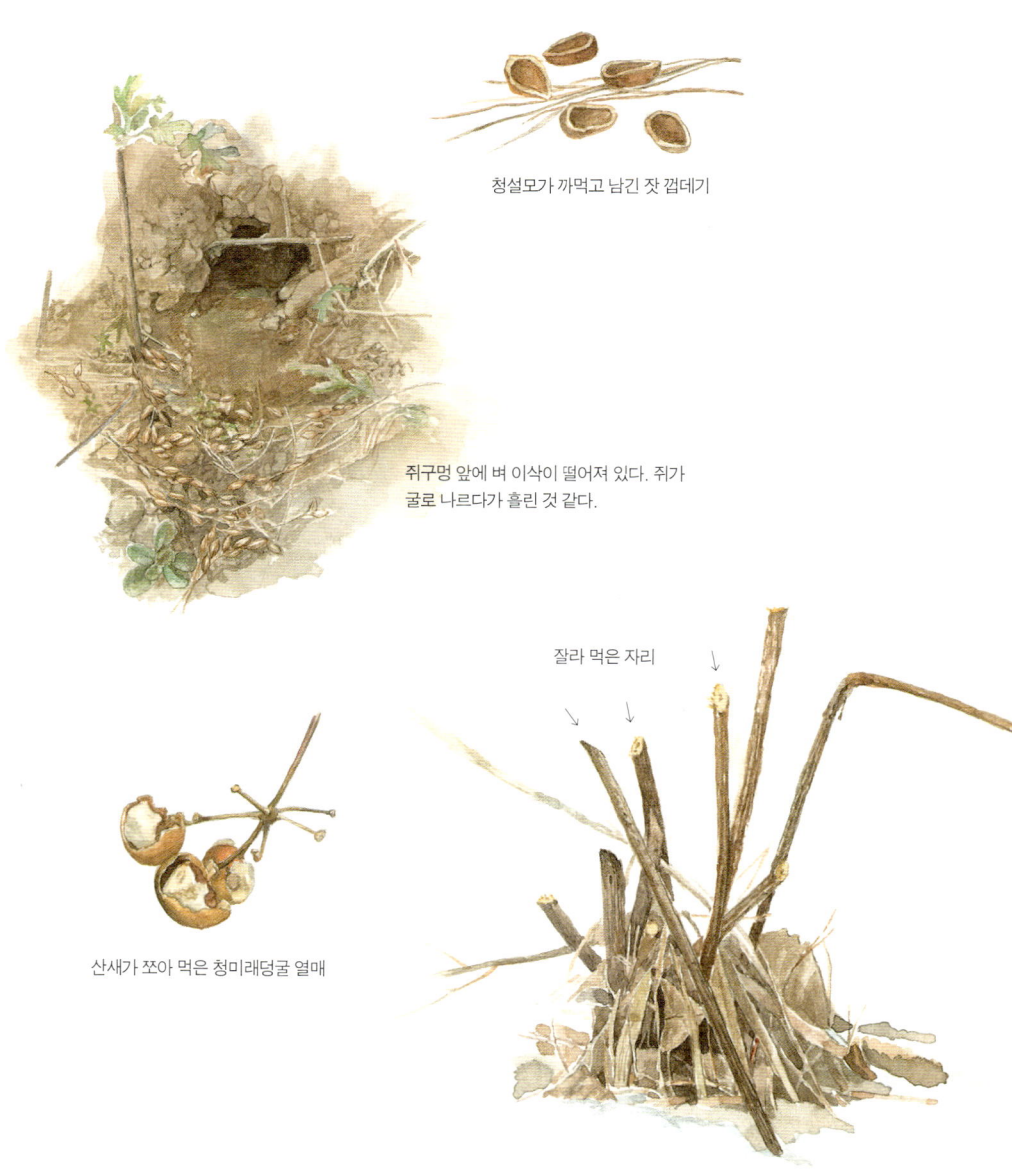

청설모가 까먹고 남긴 잣 껍데기

쥐구멍 앞에 벼 이삭이 떨어져 있다. 쥐가 굴로 나르다가 흘린 것 같다.

잘라 먹은 자리

산새가 쪼아 먹은 청미래덩굴 열매

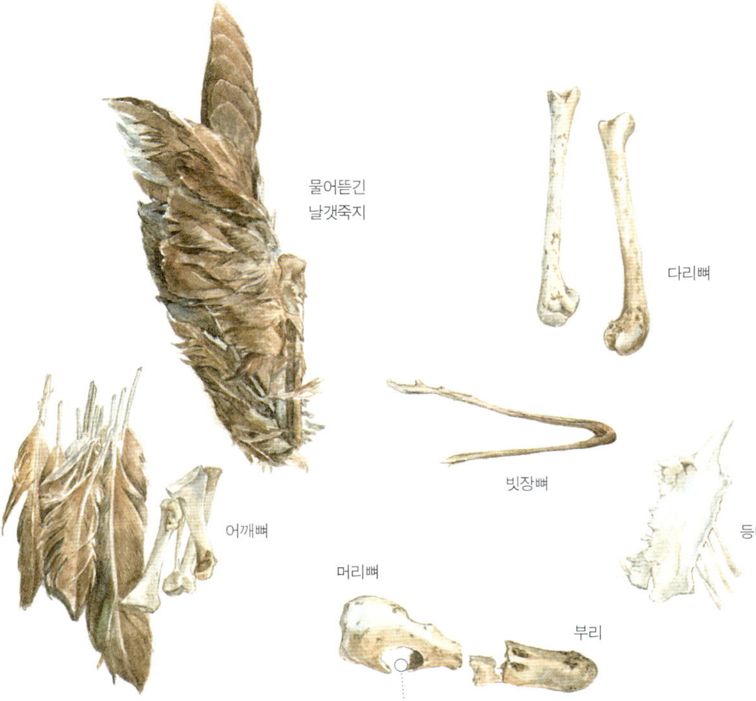

물어뜯긴
날갯죽지

다리뼈

빗장뼈

어깨뼈

등뼈

머리뼈

부리

물어뜯긴 깃털

눈이 있던 자리

삵이 청둥오리를 잡아먹고 남긴 뼈와 깃털

갉아 먹은 자국

고라니가 뜯어 먹은 달맞이꽃

멧토끼가 잘라 먹고 갉아 먹은 싸리나무

먹은 자리 25

보금자리와 쉼터

개과나 족제비과 동물은 대부분 땅속에 굴을 파서 보금자리를 꾸민다. 두더지와 고슴도치, 쥐와 다람쥐도 땅속에 굴을 파고 산다. 수달이나 삵은 스스로 굴을 파지 않고, 바위틈이나 나무 밑에 절로 생긴 굴을 이용한다. 박쥐는 동굴이나 폐광을 제 집으로 삼는다.

청설모는 나무 위에 둥지를 틀고 멧밭쥐는 풀 줄기에 둥지를 짓는다. 고라니나 멧돼지는 따로 굴을 두지 않고 그때그때 좋은 자리를 골라 잠을 잔다. 고라니는 새끼를 낳고 키울 때도 보금자리를 따로 마련하지 않는다. 멧돼지는 새끼를 낳을 때만 커다란 풀 무더기를 만들어 그 위에서 새끼를 낳는다.

봄 풀밭에서 고라니가 잠을 자고 갔다.

산양이 똥도 누고 쉬기도 하고 하룻저녁 잠도 자는 쉼터다. 볕이 잘 들고 앞이 툭 트인 벼랑에 있다.

또 다른 흔적

뿔로 비빈 자국

뿔이 있는 동물은 나무에 뿔을 비벼서 자국을 남긴다. 노루는 새 뿔이 자라는 봄이나 짝짓기 철인 가을에 나무줄기에 대고 뿔을 마구 비빈다. 산양도 제 땅임을 알리려고 나무줄기에 뿔을 비빈다.

산양이 나무에 뿔로 비빈 자국

등 비빈 자국

멧돼지나 곰은 등이 가려울 때 나무줄기에 대고 비빈다. 나무껍질 사이에 털이 끼어 있기도 한다.

멧돼지가 참나무에 등을 비볐다. 자주 와서 그랬는지 비빈 자리가 허옇게 닳아 있다.

멧돼지 털

동물이 낸 길

동물도 다니는 길이 따로 있다. 사람이 걷기 좋겠다 싶은 곳은 동물도 그렇게 느낀다. 동물들이 자주 다니는 곳에는 길이 나 있다. 좋은 길은 한 동물만 다니지 않고 몸집이 비슷한 다른 동물들도 같이 오고 간다.

산양이 다니는 길

 산과 들에서 사는 짐승

고슴도치	족제비
두더지	무산흰족제비
땃쥐	수달
박쥐	노란목도리담비
청설모	오소리
다람쥐	삵
하늘다람쥐	스라소니
쥐	표범
멧토끼	호랑이
너구리	멧돼지
늑대	고라니
승냥이	노루
여우	꽃사슴
반달가슴곰	누렁이
불곰	산양

고슴도치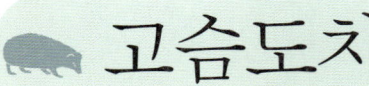

그스리, 고순도치, 고슴돝 *Erinaceus amurensis*

분류 식충목 고슴도치과
먹이 곤충, 쥐, 개구리, 새알, 산열매, 버섯
수명 2~3년
몸길이 10~25cm
몸무게 260~600g
특징 온몸이 날카로운 가시로 덮여 있다.

온몸에 가시가 돋아 있다. 몸이 뚱뚱하고 연한 밤색이나 뽀얀 잿빛을 띤다. 주둥이가 뾰족하고, 다리가 무척 짧다.
2004년 10월, 경기 과천 서울대공원 동물원

고슴도치는 온몸에 날카로운 가시가 나 있다. 가시가 오천 개쯤 된다. 보통 때는 가시를 눕히고 있지만 위험을 느끼면 몸을 둥그렇게 말아서 가시를 곤두세운다. 이렇게 밤송이처럼 웅크린 채 꼼짝 않고 있거나, 데굴데굴 굴러서 달아난다. 가시가 아주 뾰족해서 찔리면 매우 아프다.

고슴도치는 낮은 산이나 들에서 산다. 버려진 굴을 찾아 살거나, 마른 나뭇잎이나 풀로 둥지를 틀기도 한다. 낮에는 잠을 자고 해 질 무렵부터 나와서 먹이를 찾아 먹는다. 이것저것 가리지 않고 먹는다. 벌레를 가장 잘 먹어서 똥에 벌레 껍질이 잔뜩 들어 있다.[6] 쥐나 개구리, 도마뱀도 잡아먹고 새알도 주워 먹고 열매나 버섯도 잘 먹는다. 11월쯤 겨울잠을 자러 들어가서 이듬해 봄에 깨어난다. 겨울잠에서 깨어나면 묵은 가시가 빠지고 새 가시가 난다.

봄에 짝짓기를 해서 6~7월에 새끼를 3~7마리 낳는다. 갓 낳은 새끼는 가시가 부드러워서 찔리지 않는다. 고슴도치도 새끼를 낳으면 젖을 먹여 키운다. 어미도 배에는 가시가 없어서 젖을 먹이는 데 아무 어려움이 없다.

발자국

앞발 뒷발 모두 발가락이 다섯 개이고 발톱이 있다. 엄지발가락이 희미하게 찍히거나 아예 안 찍히기도 해서 발가락이 네 개인 것처럼 보일 때가 많다. 다리가 짧아서 빨리 뛰지 못하고 움직임이 둔하다.

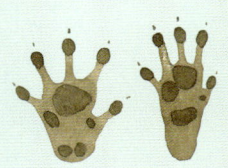

앞발 발자국 뒷발 발자국
4×3.5cm   5×2.5cm

걸음 폭 10cm 안팎

두더지

뒤지기, 두돼지, 두디쥐, 두더쥐 *Talpa mogera*

분류 식충목 두더지과
먹이 벌레, 지렁이
수명 3~5년
몸길이 13~17cm
몸무게 65~120g
특징 땅속에서 굴을 파고 다닌다.

온몸에 짧고 부드러운 밤색 털이 나 있다. 몸은 원통형이고 목이 짧다. 주둥이가 길고 눈은 아주 작다. 앞다리가 무척 짧고, 발톱이 크고 단단하다. 앞발 발바닥이 아래를 보지 않고 옆을 본다.

두더지는 땅속을 파고 돌아다닌다. 굴을 파기 좋게 몸이 원통형이고, 주둥이가 길고 뾰족하다. 털은 짙은 밤색인데 무척 부드럽고 반질반질 윤이 난다. 털이 촘촘해서 굴을 팔 때도 털 사이로 흙이 안 들어간다. 두더지는 땅속에서 몸놀림이 무척 빠르다. 엉덩이도 작아서 굴속에서 쉽게 몸을 돌려 오던 길을 되돌아갈 수 있다. 돌이 많거나 단단한 땅에서는 못 산다. 너무 깊은 땅속에서도 못 산다.

두더지가 굴을 파고 지나간 자리는 땅 위로 흙이 봉긋 솟아올라 있다. 삽처럼 생긴 큰 앞발로 흙을 긁어 양옆으로 밀쳐 내면서 굴을 판다. 그래서 두더지 굴속을 잘 들여다보면 굴 벽에 발톱 자국이 나 있기도 하다. 날이 추워지면 굴을 더 깊이 파고 들어간다.

두더지는 깜깜한 굴에서 살기 때문에 눈이 어둡다. 대신 귀가 밝아서 굴속에 있으면서도 땅 위로 가까이 다가오는 소리를 금방 알아낸다. 또 지렁이 같은 먹이는 냄새를 맡고 찾아내는데, 하루에 60마리나 잡아먹는다.[7] 작은 몸집에 견주어 엄청나게 먹는다. 저녁에 굴 밖으로 나와서 돌아다니다가 부엉이한테 잡아먹히기도 한다.

3~4월에 짝짓기를 하고, 5~6월에 새끼를 2~4마리 낳는다. 새끼는 여섯 달이 지나면 다 자라고, 두 살이 되면 짝짓기를 할 수 있다.

두더지 발자국

앞발이 뒷발보다 훨씬 크다. 앞발에는 땅을 파기 좋게 튼튼한 갈고리 발톱이 있다. 발바닥이 옆을 보고 있어서 땅 위에서는 제대로 걷지 못한다. 몸이 무겁고 앞다리가 짧아서 걸을 때 배가 땅에 닿는다. 주로 땅속에서 지내기 때문에 발자국을 보기가 힘들다. 발자국은 길게 이어지지 않고 땅속으로 금세 사라진다.

앞발과 뒷발 모두 발자국에 발가락이 다섯 개씩 찍힌다. 앞발 발자국은 발톱 다섯 개가 점으로 찍히는 것이 특징이다.

앞발 발자국
1.8×1cm

뒷발 발자국
2.2×1cm

걸음 폭 4cm 안팎

땅굴 자국

두더지는 땅 위로 좀체 올라오지 않기 때문에 발자국이나 똥을 보기가 어렵다. 대신, 땅 위로 불룩하게 솟은 긴 땅굴 자국은 흔하게 볼 수 있다. 길게 이어져 있어서 쉽게 눈에 띈다. 5~15cm 깊이에서 굴을 파고 지나가기 때문에 땅 거죽이 위로 도드라지며 깨진다. 땅굴 끝에 두더지가 밖으로 밀어 올린 흙이 소복이 쌓여 있기도 하는데 이것을 '두더지 무덤'이라고 한다.

두더지가 논둑길을 따라 땅굴을 파고 지나갔다. 솟아오른 흙이 폭신하고 부드럽다. 밟으면 폭 꺼진다.

2005년 3월, 충북 청원 다락리

땃쥐 Family Soricidae

분류 식충목 첨서과
먹이 벌레, 지렁이, 달팽이, 지네
수명 1~2년
특징 쥐처럼 생겼지만 두더지나 고슴도치에 가까운 동물이다. 젖먹이동물 가운데 가장 작다.

땃쥐 *Crocidura lasiura*
쥐와 닮았는데 좀 더 작다. 주둥이가 길고 뾰족하다. 털이 무척 부드럽다. 꼬리에 길고 가는 털이 성글게 나 있다.
몸길이 6~10cm **몸무게** 14~30g

땃쥐는 젖먹이동물 가운데 가장 작다. 이름도 생김새도 쥐와 비슷하지만, 쥐보다 두더지나 고슴도치에 가깝다. 쥐는 풀 이삭이나 산열매를 주로 먹는데, 땃쥐는 두더지나 고슴도치처럼 벌레를 많이 잡아먹는다. 그래서 식충목에 든다.

땃쥐는 나무가 우거진 곳에 살면서 낮에는 쉬고 밤에 나온다. 작은 구멍이나 틈으로 쉽게 드나들면서 딱정벌레나 풍뎅이, 달팽이, 지렁이 같은 벌레를 잡아먹는다. 오랫동안 나뭇잎이 쌓여서 썩은 곳을 좋아하는데, 이런 곳에는 한겨울에도 벌레들이 많이 모여든다. 겨울에도 겨울잠을 자지 않고 쉴 새 없이 벌레를 찾아 먹는다. 땅을 파서 애벌레나 번데기도 잡아먹는다.[8] 산속에만 사는 것이 아니라 벌레를 찾아서 두엄 더미나 변소나 하수구에도 드나든다. 땃쥐 가운데 갯첨서는 물에서 헤엄도 치고, 물속에 사는 벌레나 작은 물고기를 잡아먹는다.

땃쥐는 둥지도 나뭇잎이 쌓인 곳에 만든다. 스스로 굴을 파지 않고 남이 파 놓은 굴을 쓰거나, 돌 틈이나 가랑잎 밑에 둥지를 튼다. 혼자 살다가 짝짓기 때만 암컷과 수컷이 함께 지낸다. 이때 수컷들은 '찍찍' 하고 낮고 날카로운 소리를 내면서 암컷을 찾아다닌다. 여름에 새끼를 4~6마리 낳는데 열마리 넘게 낳을 때도 있다. 우리나라에는 땃쥐, 제주땃쥐, 갯첨서, 뒤쥐, 꼬마뒤쥐, 긴발톱첨서 따위가 산다.

발자국
쥐 발자국과 비슷한데 조금 작다. 앞발 뒷발 모두 발가락이 다섯 개다. 쥐는 앞발 발가락이 네 개다.

앞발 발자국　　뒷발 발자국
0.7×0.7cm　　1×0.7cm

걸음 폭 3cm 안팎

박쥐

뿔쥐, 박지, 복쥐, 빡쥐 Order Chiroptera

분류 박쥐목
먹이 파리, 나방, 하루살이 같은 벌레
수명 3~20년
몸길이 36~106mm **앞팔 길이** 32~64mm
몸무게 4~34g
특징 젖먹이동물이면서 새처럼 날 수 있다.

집박쥐 *Pipistrellus abramus*
아주 작다. 털색은 잿빛이고, 몸 위쪽에는
털이 촘촘하게 나 있다. 콧구멍이 크고
주둥이 폭이 넓다. 귀가 얇고, 귀 끝은
둥글다.
분류 박쥐목 애기박쥐과
수명 3~5년
몸길이 36~48mm **앞팔 길이** 32~36mm
몸무게 5~10g

2004년 11월, 전북 변산 시골집 부엌

박쥐는 몸과 머리가 쥐처럼 생겼다. 길어진 앞발 발가락들 사이에 있는 얇은 살갗이 날개 구실을 한다. 이것을 '날개막'이라고 한다. 새처럼 하늘을 날아다니지만 젖을 먹여서 새끼를 키우는 젖먹이동물이다. 또한 벌레를 잡아먹고 살기 때문에 쥐보다 고슴도치나 두더지에 가깝다.

박쥐는 밤에 나와서 날아다닌다. 잘 보지 못하는 대신 소리를 잘 듣고 냄새도 잘 맡는다. 초음파라는 특수한 소리를 내는데, 이 소리가 물체에 닿아 되돌아오는 소리를 듣고 어떤 물체인지 알아낸다. 이 초음파 덕분에 깜깜한 밤에 날아다니면서도 아무 데도 안 부딪히고, 먹이도 잘 찾는다. 사람은 초음파를 들을 수 없다.

박쥐는 날씨가 추워지면 동굴이나 지붕 밑에 거꾸로 매달려서 겨울잠을 잔다. 관박쥐는 날개막으로 온몸을 감싸고 잔다. 가을에 짝짓기를 하고 이듬해 여름에 새끼를 한두 마리 낳는다. 새끼는 어미한테 매달려서 어미젖을 먹고 자란다. 한두 달쯤 지나면 어미와 비슷한 크기로 자라고 날아다닐 수 있다. 박쥐는 새끼를 많이 낳지 않고 한 해에 한 번 한두 마리를 낳는다. 수명은 보통 12~20년으로 땃쥐나 쥐에 견주어 오래 산다.

집박쥐는 아주 작은 박쥐다. 몸무게가 겨우 5g이고, 수명도 다른 박쥐와 달리 삼사 년밖에 안 된다. 예전에는 흔했는데 지금은 많이 줄어들었다. 지붕 밑이나 집 안에서 살고 산속에서는 거의 살지 않는다. 저녁에 먹이를 찾아 나선다. 방향을 제 마음대로 바꾸면서 아주 빠르게 난다. 나방이나 파리 같은 벌레를 주로 잡아먹는다. 물 위를 날아가면서 물을 마시기도 한다.[9]

청설모

청살피, 청서, 청솔모 *Sciurus vulgaris*

분류 쥐목 다람쥐과
먹이 도토리, 가래, 솔방울, 벌레, 새알, 버섯
수명 8~10년
몸길이 20~25cm **꼬리 길이** 12~20cm
몸무게 250~350g
특징 나무타기 선수다.

청설모는 오래전부터 우리 땅에서 살아온 흔한 산짐승이다. 잣나무나 소나무가 우거진 산에서 많이 살고 마을 가까이에도 내려온다. 온몸이 잿빛 털로 덮여 있고, 꼬리가 길고 털이 부얼부얼하다. 발톱이 길고 안으로 굽어서 나무를 아주 잘 탄다. 땅에는 잘 안 내려오는데 어쩌다 땅에 내려오면 네 발을 모아 폴짝폴짝 뛰어다닌다. 다람쥐와 달리 땅보다 나무 위에서 살다시피 한다.[10]

청설모는 낮에 나와서 돌아다닌다. 잣이나 솔방울, 도토리, 가래 같은 산열매를 즐겨 먹는다. 버섯이나 새알도 잘 먹고 벌레나 작은 동물을 잡아먹기도 한다. 이것저것 가리지 않고 다 먹는 잡식성이다. 먹이를 숨겨 두는 버릇이 있어서 가을에 잣 같은 산열매를 땅에 묻어 두었다가 겨울에 찾아 먹는다. 다람쥐는 겨울잠을 자지만 청설모는 겨울잠을 안 잔다.

청설모 암컷은 나무 줄기와 가지 사이에 새끼 기를 둥지를 정성껏 만든다. 나뭇가지를 엇갈리게 쌓아 둥근 모양으로 만들고 안에는 부드러운 이끼와 짐승 털과 가랑잎을 폭신하게 깐다. 겨울에 짝짓기를 하고 봄에 새끼를 3~5마리 낳는다. 새끼는 한 달이 지나면 눈을 뜨고, 8~9개월이면 다 자란다.

온몸이 잿빛인데 배 쪽은 희다. 꼬리가 길고
검은 갈색 털이 많이 나 있다. 귀가 크고
둥글며, 겨울에는 귀 끝에 긴 털이 나 있다.

2004년 5월, 경기 하남 검단산

청설모가 먹은 자국

청설모는 잣이나 호두, 가래, 솔방울, 도토리 같은 나무 열매를 즐겨 먹는다. 버섯이나 벌레도 먹고, 사람이 흘린 음식을 주워 먹기도 한다. 청설모가 먹은 잣이나 가래는 껍데기가 딱 절반으로 갈라져 있어서 금방 알아볼 수 있다.

가을에 잣이 여물면 청설모는 나무를 타고 다니면서 잣송이를 따서 땅에 마구 떨어뜨린다. 땅에 내려와서는 앞발로 잣송이 겉껍데기를 뜯어내고 잣을 입으로 하나하나 뽑아낸다. 딱딱한 잣 껍데기를 날카로운 앞니로 깨물어서 반으로 쪼개고 속을 꺼내 먹는다. 앞니로 잣을 타는 솜씨가 어찌나 좋은지 칼로 쪼개 놓은 것처럼 고르다. 한자리에서 잣 한두 송이쯤은 금세 까먹는다. 청설모가 잣을 실컷 까먹은 자리에는 잣 껍데기가 소복이 쌓여 있다.[11]

가래나 도토리도 반으로 쪼개 먹는다. 가래 껍데기는 사람이 망치로도 쪼개기 어려울 만큼 퍽 두껍고 단단하다. 청설모는 먼저 앞니로 뾰족한 쪽을 갉아서 조그만 틈을 만든 다음, 그 틈에 튼튼한 아랫니를 넣고 비틀어서 쪼갠다. 반으로 갈라진 껍데기의 뾰족한 쪽에는 틈을 낸 자리가 꼭 있다.

청설모는 솔방울도 곧잘 먹는다. 소나무 밑동에는 청설모가 뜯어 먹고 버린 솔방울이 많다.

청설모가 잣을 빼 먹고 버린 잣송이

반으로 쪼개진 잣 껍데기
2004년 12월, 경기 포천 직동리 산기슭

청설모가 뜯어 먹은 솔방울
2005년 1월, 강원 양구 지석리 산기슭

청설모가 먹은 가래 껍데기.
잣 껍데기처럼 반으로 갈라져 있다.
가래를 쪼개려고 앞니로 갉아서 낸
조그만 틈도 보인다.
2004년 11월, 강원 양구 수입천 산자락

청설모가 뒤진 자리

청설모는 가을에 먹을 것을 땅속에 묻어 두었다가 겨울에 찾아 먹는다. 한곳에 숨겨 두는 잣 씨는 한두 개가 다다. 겨울에 눈 쌓인 산에 가면 청설모가 눈을 파헤치고 가랑잎 속에서 먹이를 찾아 꺼내 먹은 흔적을 볼 수 있다. 나무에서 쪼르르 내려온 뒤 이곳저곳 헤매지 않고 곧장 잣을 묻어 둔 곳으로 간다. 눈을 파헤치고 잣을 찾아서 까먹고는 다시 나무로 올라간다. 나뭇가지를 타고 옆 나무로 옮겨 다니면서 잣을 찾아 먹으러 또 내려온다.

눈이 많이 쌓였는데도 청설모는 냄새만으로 잣 씨 숨겨둔 곳을 정확히 찾아낸다. 청설모가 냄새를 얼마나 잘 맡는지 알 수 있다.

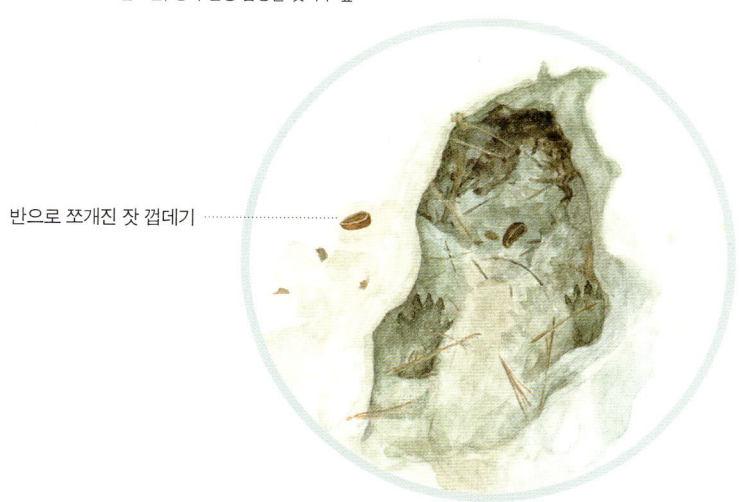

청설모가 눈을 파헤치고 잣을 찾아서 까먹었다. 눈 위에 반으로 쪼개진 잣 껍데기가 있다. 청설모 발자국도 보인다.
2005년 2월, 경북 춘양 삼동산 잣나무 숲

반으로 쪼개진 잣 껍데기

청설모가 나무에서 내려와 눈을 파헤쳐
먹이를 찾아 먹고는 다시 나무 위로
올라갔다. 발자국이 나무 래에서 뚝 끊겨
있다.

2005년 2월, 경북 춘양 삼동산 잣나무 숲

청설모 둥지

청설모 둥지는 까치 둥지처럼 생겼다. 잣나무나 소나무나 전나무같이 먹을 것이 많고 숨기 좋은 늘푸른나무에 둥지를 많이 짓는다. 겨울에도 푸른 잎이 둥지를 가려 주기 때문이다. 나무 꼭대기에는 잘 안 짓는다.[12]

둥지를 지을 때는 나뭇가지를 물어다가 둥글게 쌓은 다음, 속에 이끼나 짐승 털이나 마른 나뭇잎같이 부드러운 것을 깐다. 둥지 지름은 50cm 안팎이다. 드나드는 문은 지름이 5cm 안팎인데, 남쪽이나 동남쪽으로 둥그렇게 나 있다.

청설모는 까치가 살다가 떠난 빈 둥지를 제집으로 삼기도 한다. 따로 둥지를 짓지 않고 나무 구멍에서 살기도 한다. 나무 구멍에서 지내는 청설모는 밑에서 나무줄기를 살살 긁으면 궁금해서 구멍 밖으로 고개를 내밀기도 한다.

낙엽송에 지은 청설모 둥지. 까치 둥지와 비슷하게 생겼다. 소나무처럼 늘푸른나무에 둥지를 많이 트는데 이 둥지는 웬일인지 가을에 잎이 지는 나무에 지었다.

2005년 4월, 경기 하남 검단산

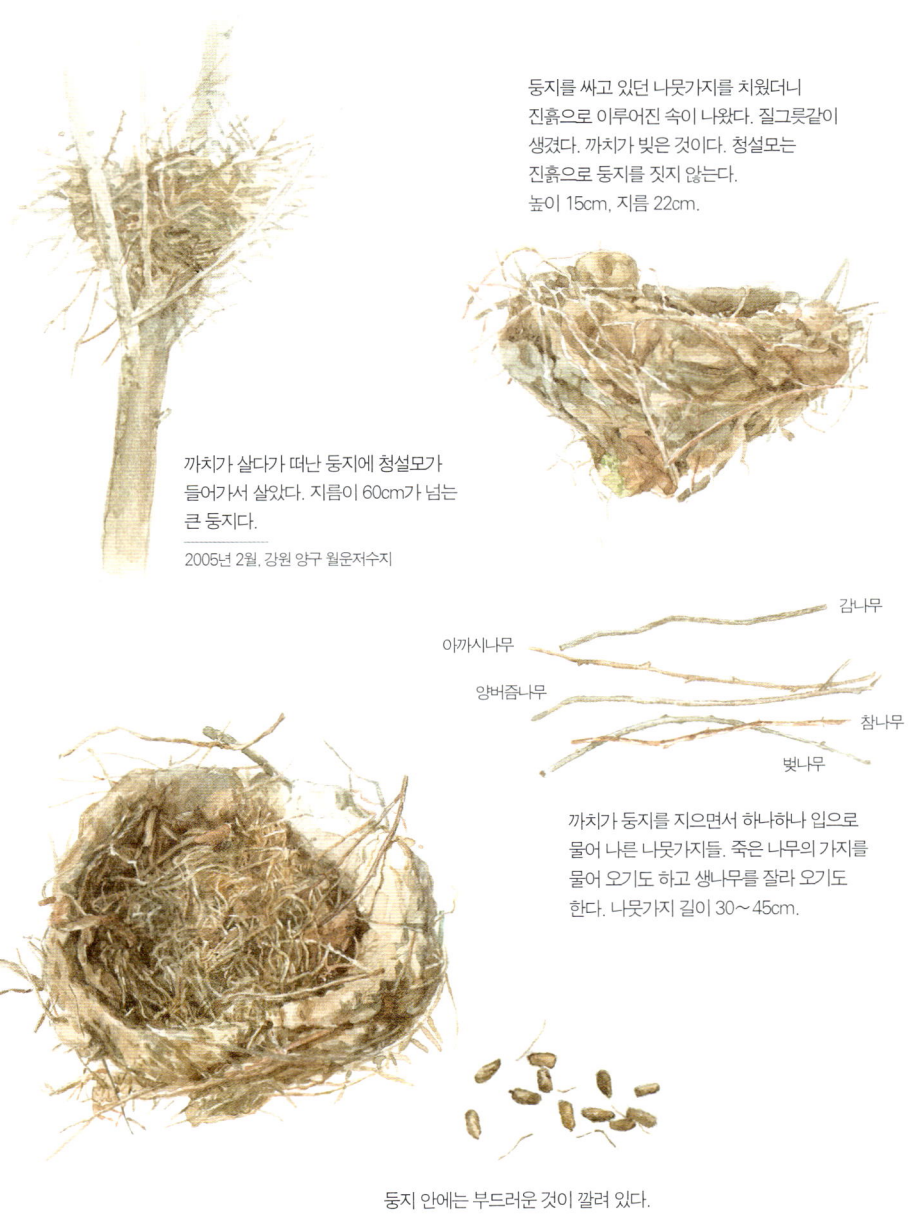

둥지를 싸고 있던 나뭇가지를 치웠더니
진흙으로 이루어진 속이 나왔다. 질그릇같이
생겼다. 까치가 빚은 것이다. 청설모는
진흙으로 둥지를 짓지 않는다.
높이 15cm, 지름 22cm.

까치가 살다가 떠난 둥지에 청설모가
들어가서 살았다. 지름이 60cm가 넘는
큰 둥지다.

2005년 2월, 강원 양구 월운저수지

감나무
아까시나무
양버즘나무
참나무
벚나무

까치가 둥지를 지으면서 하나하나 입으로
물어 나른 나뭇가지들. 죽은 나무의 가지를
물어 오기도 하고 생나무를 잘라 오기도
한다. 나뭇가지 길이 30~45cm.

둥지 안에는 부드러운 것이 깔려 있다.
바닥 한쪽에서 쌀알보다 작은 청설모 똥이
무더기로 나왔다. 크기가 작은 것으로 보아
둥지에서 지내던 청설모 새끼 똥인 것
같다.[13]

청설모가 나무에서 내려와서 먹이를 찾아
먹고 다른 나무로 올라갔다. 네 발이 함께
찍혀 있다. 걸음 폭 30cm.

2005년 2월, 경북 춘양 삼동산 잣나무 숲

뒷발

앞발

눈에 찍힌 청설모 발자국

청설모 발자국

청설모는 걷지 않고 뛰기 때문에 늘 네 발이 함께 찍힌다. 앞발은 발가락이 네 개이고 뒷발은 다섯 개다. 발톱도 있다. 겨울에는 발바닥이 두터운 털로 덮여서 발자국이 또렷하게 드러나지 않는다.

기다란 뒷발 한 쌍이 앞에 놓이고 작고 동그란 앞발 한 쌍이 뒤에 놓인다. 앞발 한 쌍은 나란히 찍힌다. 멧토끼 발자국은 뒤에 찍히는 앞발 한 쌍이 청설모와 달리 앞뒤로 떨어져서 찍힌다.

청설모는 나무 위에서 많이 지내기 때문에 발자국을 보기가 어렵다. 겨울에 눈이 내리면 어쩌다 땅 위를 돌아다닌 발자국을 볼 수 있다. 나무에서 내려와 몇 발자국 뛰어갔다가 다시 나무로 올라가기 때문에 발자국이 길게 이어지지도 않는다. 발자국 옆에 눈을 파헤쳤거나 바닥을 뒤진 자리가 나오는데 이것은 가을에 숨겨 둔 먹이를 찾아서 꺼내 먹은 자국이다.

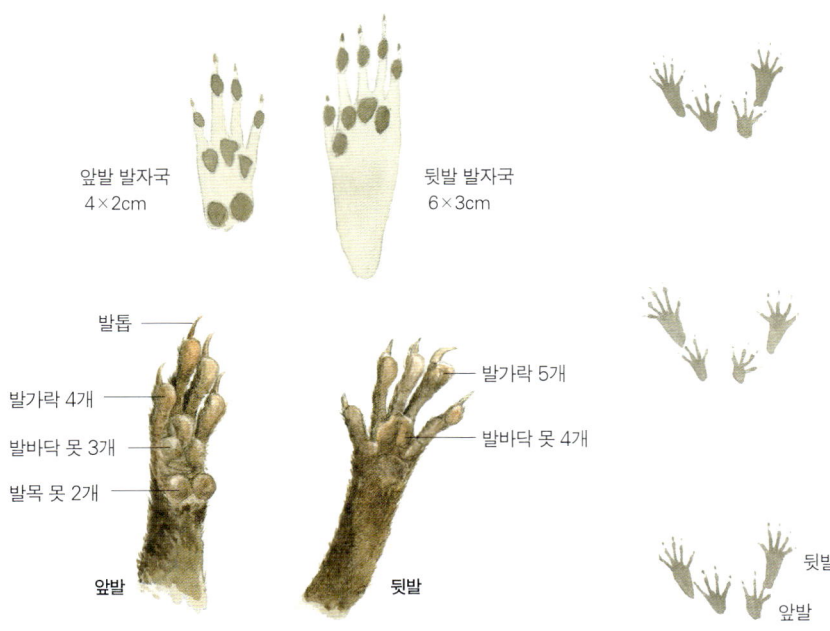

앞발 발자국
4×2cm

뒷발 발자국
6×3cm

발톱
발가락 4개
발바닥 못 3개
발목 못 2개

발가락 5개
발바닥 못 4개

앞발

뒷발

청설모는 발톱이 길고 날카로우며 안으로 조금 굽어서 나무를 잘 탄다.

뒷발
앞발

네 발을 모아 뛰어간 자국

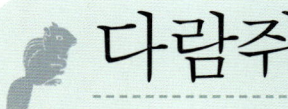

다람쥐

다래미, 볼제비, 새양지 *Tamias sibiricus*

분류 쥐목 다람쥐과
먹이 도토리, 밤, 잣, 개미, 거미
수명 5~6년
몸길이 12~20cm **꼬리 길이** 7~13cm
몸무게 50~100g
특징 뺨에 먹이주머니가 있다.

온몸이 밝은 밤색이다. 등에 검은 줄이 다섯 개 있고 눈 옆에는 흰 줄이 두 개 있다. 눈이 크고 까맣다. 꼬리는 길고 납작하다.
2002년 10월, 경기 고양 북한산

다람쥐는 산에서 흔하게 볼 수 있는 작고 귀여운 산짐승이다. 털은 밝은 밤색이고 등에 검은 줄 다섯 개가 뚜렷하게 나 있다. 몸집이 청설모보다 훨씬 작고 꼬리도 청설모보다 썩 가늘다. 움직일 때 꼬리를 곧추세운다. 나무를 잘 타지만, 나무 위보다 땅에서 더 많이 지낸다. 뺨에 먹이주머니가 있어서 가을이면 두 뺨이 볼록해지도록 먹이를 잔뜩 집어넣고 나른다.

다람쥐는 짝짓기 할 때와 어미가 새끼를 키울 때 빼고는 혼자서 지낸다. 낮에 돌아다니면서 도토리나 솔 씨나 잣을 까먹고, 애벌레나 개미, 거미 따위를 잡아먹기도 한다. 청설모처럼 잡식성이다. 앞니가 줄곧 자라기 때문에 쉬지 않고 나무를 쏠거나 딱딱한 열매를 갉아 먹는다. 먹이를 찾으면 먹이주머니에 집어넣고 바위나 나무 그루터기같이 안전한 곳에 가서 먹는다. 등산로 가까이에서 흔히 볼 수 있는데, 가까이 다가가면 재빨리 나무 위로 올라간다. 쨱쨱거리며 우는 소리가 새소리같이 들린다.

다람쥐는 보금자리를 나무속이나 땅속에 둔다. 10월 중순이면 굴속에 들어가 겨울잠을 자는데, 죽은 듯이 깊이 잠을 잔다. 날이 따뜻하면 잠에서 깨어나서 모아 둔 먹이를 먹고 똥을 누고 다시 잠을 잔다.[14]

3월에 겨울잠에서 깨어나면 바로 짝짓기를 하고 5~6월에 새끼를 3~7마리 낳는다. 새끼는 7주가 지나면 밖으로 나와서 돌아다니고, 8주 뒤면 어미 곁을 떠나 혼자 살아간다.

다람쥐 발자국

다람쥐는 청설모와 달리 나무 위보다 땅에서 많이 돌아다닌다. 하지만 눈이 오는 겨울에는 겨울잠을 자기 때문에 발자국을 보기가 어렵다. 발자국은 청설모 발자국과 비슷한데, 크기가 작다. 앞발 발가락이 네 개, 뒷발 발가락은 다섯 개이다. 걷지 않고 뛰기 때문에 청설모나 멧토끼처럼 네 발이 함께 찍히고, 늘 뒷발이 앞발 앞에 놓인다. 걸음 폭은 5~10cm이고 멀리 뛸 때는 20~30cm에 이르기도 한다.

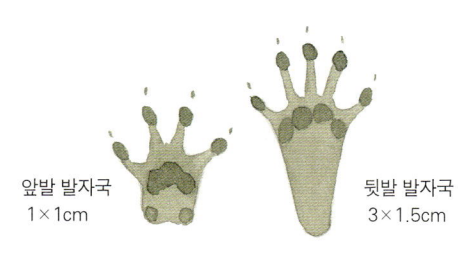

앞발 발자국
1×1cm

뒷발 발자국
3×1.5cm

굴

다람쥐는 땅속에 굴을 파고 산다. 굴은 여름 굴과 겨울 굴이 있다. 여름 굴은 길이도 짧고 먹이 창고도 없다. 겨울 굴은 땅속 30~50cm 깊이로 내려가고 길이도 2~3m에 이르며 방도 여러 개다. 이 속에서 새끼를 낳아 키우고 먹이도 저장하고 겨울잠도 잔다. 굴 입구는 두세 개 있고 지름이 5cm 안팎이다.

쥐 굴과 비슷하게 생겼다. 구멍 앞에 잣 씨가 놓여 있다.
2005년 2월, 강원 양구 지석리 산

산비탈에 있는 다람쥐 굴이다. 다람쥐 입김 때문에 입구에 허옇게 성에가 끼어 있다.
2005년 2월, 경북 울진 소광리 골짜기

몸을 돌돌 말고 겨울잠 자는 다람쥐

하늘다람쥐 *Pteromys volans*

분류 쥐목 다람쥐과
먹이 산열매, 나뭇잎
수명 8~10년
몸길이 10~20cm 꼬리 길이 7~12cm
몸무게 100g
특징 나무 위에서 살고, 나무 사이를 날아다닌다.

눈이 유난히 크고 동그랗다. 눈언저리가 검은 갈색이어서 동그란 눈이 더 도드라져 보인다. 머리는 둥글다. 꼬리는 양옆으로는 털이 많고 위아래로는 적어서 모양이 납작하다. 털은 회갈색으로 깨끗하고 매끈하며 배 쪽은 흰색이다.

하늘다람쥐는 깊은 산 나무 위에서 산다. 이름처럼 하늘을 날아다니는데 수가 적고 땅에 잘 내려오지 않아서 좀처럼 보기 어렵다. 옆구리에 있는 얇은 막이 날개 구실을 한다. 나무에서 나무로 옮겨 가거나 땅으로 내려올 때 날개막을 활짝 펼치고 난다. 보통 20~30미터쯤 되는 짧은 거리를 나는데 멀게는 100미터까지 날 수 있다. 무엇에 놀라면 나무 꼭대기로 올라가서 이 가지 저 가지로 날아다닌다. 나무 구멍에서 살기도 하고 마른 나뭇가지나 잎을 모아 럭비공같이 생긴 둥지를 만들기도 한다.

해가 지면 밖으로 나와 먹이를 찾고 해 뜨기 전에 둥지로 돌아온다. 낮에는 둥지에서 잠을 잔다. 나뭇잎과 산열매를 즐겨 먹는다. 가을에는 도토리와 잣 같은 기름진 산열매를 먹어서 살을 찌운다. 겨울에도 겨울잠을 자지 않는데 온종일 나무 구멍에 있다가 잠깐씩 나와서 나무에 나 있는 겨울눈을 먹기도 한다.

4월에 짝짓기를 하고 새끼를 2~4마리 낳는다. 새끼는 한 달이 지나면 걸을 수 있고, 50일이 지나면 날아다니는 연습을 한다. 두 달이면 어미 곁을 떠나서 혼자 살아간다.[15]

쥐
서생원, 지, 찌 Family Muridae

분류 쥐목 쥐과
먹이 풀 이삭, 벼, 산열매
수명 1~3년
몸길이 48~355mm **꼬리 길이** 20~280mm
특징 젖먹이동물 가운데 수가 가장 많다.

등줄쥐 *Apodemus agrarius*
이름처럼 등에 검은 줄이 나 있다. 털색은 붉은 밤색에서 노란색까지 다양하다. 배 쪽은 흰색이다. 꼬리 길이가 몸길이와 비슷하다.

2004년 12월, 경기 포천 산기슭 풀밭

쥐는 젖먹이동물 가운데 수가 가장 많다.[16] 새끼도 한 해에 여러 번 치고 한 번에 예닐곱 마리씩 낳는다. 산과 들은 물론 집에도 들어와 살고 하수구에도 돌아다닌다.

쥐는 귀가 밝고 냄새를 잘 맡는다. 움직임도 아주 재빠르다. 어두운 밤에 나와서 곡식이나 산열매를 갉아 먹는다. 집쥐는 사람이 먹는 것은 다 먹고, 때로는 병아리도 잡아먹고 비누도 갉아 먹는다. 앞니가 계속 자라기 때문에 가구나 옷, 책, 나무나 건물 벽까지 닥치는 대로 쏠아 놓는다.

쥐는 대부분 땅속에 굴을 파고 산다. 굴에서 쉬기도 하고 새끼도 친다. 위험한 일이 닥치면 굴로 쪼르르 달려가 숨어 버린다. 쥐는 겨울이 되어도 잠을 자지 않는다. 굴속에 먹이를 모아 놓고 먹기도 하고, 눈밭을 돌아다니며 먹을 것을 찾기도 한다. 들에 사는 멧밭쥐는 여름에는 풀 줄기에 둥지를 짓고 살다가 가을에 땅으로 내려와 굴을 파고 들어간다.

등줄쥐는 우리나라에서 가장 흔한 들쥐다. 이름처럼 등에 검은 줄이 또렷하게 나 있다. 산이나 논둑과 밭둑, 풀밭에서 산다. 땅에 굴을 파고 가장 깊은 곳에 둥그런 보금자리를 마련한다. 풀 이삭이나 열매를 먹는다. 한 해에 네 번쯤 새끼를 낳고, 한 번에 4~8마리를 낳는다. 똥과 오줌으로 '출혈열'이라는 병을 옮기기도 한다.

산과 들에서 사는 쥐

우리나라에서 사는 쥐는 모두 스무 종쯤 된다. 등줄쥐나 멧밭쥐처럼 논밭이나 낮은 산자락에 널리 퍼져 사는 쥐도 있고 비단털들쥐처럼 높은 산에서 사는 쥐도 있다. 집쥐는 이름처럼 집 안에서 사는데, 봄가을에는 밖에 나가 살기도 한다.

흰넓적다리붉은쥐 *Apodemus peninsulae*
높은 산 우거진 숲에 많다. 풀 이삭이나 도토리 같은 산열매를 먹고 산다. 다른 들쥐보다 뒷다리가 튼튼해서 재빠르게 뛰어다닐 수 있다. 이름처럼 뒷다리 넓적다리에 흰 털이 나 있다.
몸길이 82~113mm
꼬리 길이 85~115mm
몸무게 25~48g

2002년 1월, 전남 구례 지리산

등줄쥐 *Apodemus agrarius*
우리나라에서 가장 흔한 들쥐다. 등 가운데 검은 줄이 나 있다. 풀 이삭이나 열매를 먹는다. 똥으로 병을 옮기기도 한다.
몸길이 67~128mm
꼬리 길이 66~112mm
몸무게 13~53g

2004년 12월, 경기 포천 산기슭 풀밭

비단털들쥐 *Eothenomys regulus*
높은 산, 바위가 많고 비탈진 곳에 많이 산다. 몸집이 작다. 털이 비단처럼 부드럽고 윤기가 흐른다. 강원도 화전밭 돌담이나 대관령 목장에서 발견되기도 한다.
몸길이 80~150mm
꼬리 길이 30~50mm
몸무게 20~40g

2005년 5월, 강원 인제 점봉산

집쥐 (시궁쥐) *Rattus norvegicus*
집 둘레에서 가장 흔하게 볼 수 있는 큰 쥐다. 집 마당이나 창고나 하수구 같은 곳에 살면서, 사람이 먹는 것은 다 먹는다. 곡식이나 풀 이삭도 먹는다. 경계심이 많고 사납다.
몸길이 160~230mm
꼬리 길이 40~190mm
몸무게 200~500g

2004년 11월, 경기 하남 하산곡동 하수구

앞발 발자국
뒷발 발자국

2004년 11월, 강원 화천 민통선 구역 물가 진흙밭

쥐가 구멍에서 나와서 눈밭을 뛰어갔다.
발자국이 끌린 것도 보인다. 워낙 가벼워서
발자국이 또렷하지 않다.
쥐 발자국은 구멍에서 시작해서 구멍 앞에서
끝나는 것이 많다.

2005년 2월, 경북 울진 소광리

쥐 발자국

쥐는 몸집이 작은 만큼 발자국도 작다. 몸이 가벼워서 발자국도 살짝 찍힌다. 발가락은 앞발이 네 개, 뒷발은 다섯 개가 찍힌다. 크기며 생김새가 땃쥐 발자국과 무척 비슷한데, 땃쥐는 앞발 뒷발 모두 발가락이 다섯 개다.

쥐 발자국은 얼핏 보면 작은 새 발자국과도 비슷하게 생겼다. 새는 발가락 세 개가 앞으로 나 있고, 다른 발가락 하나는 뒤로 나 있다. 또 쥐 발자국은 발바닥도 찍히지만, 새 발자국에는 발가락 자국뿐이다.

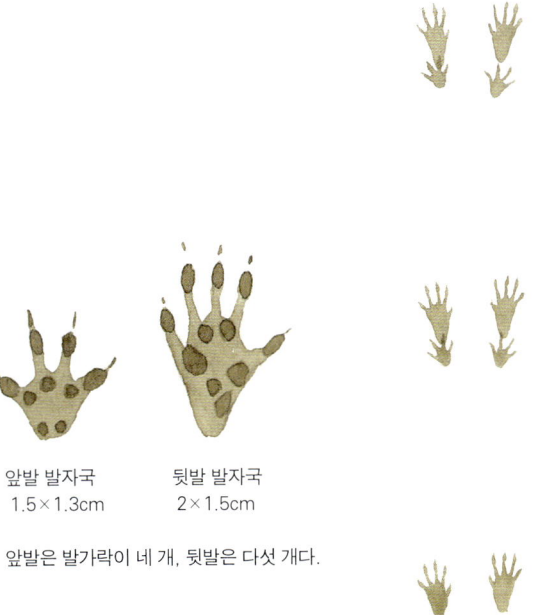

앞발 발자국
1.5×1.3cm

뒷발 발자국
2×1.5cm

앞발은 발가락이 네 개, 뒷발은 다섯 개다.

쥐가 네 발을 모아 뛰어간 자국
걸음 폭 5cm

쥐가 먹은 자리

쥐는 곡식과 열매를 즐겨 먹는다. 이빨이 튼튼해서 무엇이든 잘 갉아 먹는다. 잣이나 가래처럼 단단한 열매는 껍데기에 작은 구멍을 내서 속을 파먹는다. 쥐는 키가 작아서 풀을 뜯어 먹은 자리가 아주 낮다.

쥐가 먹은 자국은 이빨 자국이 작고 가지런해서 금방 알 수 있는데, 멧토끼가 먹은 자국과 헷갈릴 수 있다. 호박이나 무나 감자를 먹을 때 쥐는 밑에서 위로 먹고 멧토끼는 위에서 아래로 먹는다. 또 쥐는 구멍을 파고 속에 들어가서 빈 껍질만 남을 때까지 다 먹은 다음 새것을 먹는다. 쥐와 달리 멧토끼는 하나를 온전히 안 먹고 이것저것을 한두 입씩 지분거려 놓는다. 또 쥐처럼 구멍을 내지 않고 껍질부터 넓게 갉아 먹는다.

쥐가 먹은 가래 / 청설모가 먹은 가래 / 잣

쥐가 가래와 잣 씨에 구멍을 내어 속을 파먹었다. 청설모는 쥐와 달리 껍데기를 반으로 쪼개고 속을 먹는다.
2004년 11월, 강원 양구 수입천 산자락

고구마를 갉아 먹는 등줄쥐
2005년 1월, 서울 마포 서교동

쥐가 쏠아 놓은 나무토막
2004년 11월, 강원 양구 수입천 산자락

쥐 굴 앞에 벼 이삭이 떨어져 있다. 겨울을 나려고 부지런히 벼 이삭을 굴로 날랐다. 벼는 쥐가 무척 좋아하는 먹이다.

2004년 11월, 강원 양구 수입천 논둑

쥐가 호박을 파먹었다. 먼저 동그랗게 작은 구멍을 내고 호박 속으로 들어가서 호박 속과 씨를 다 파 먹는다. 구멍을 팔 때 갉은 자리가 고르고 가지런하다.
구멍 지름은 3cm.

2004년 11월, 강원 양구 비닐하우스 밭

쥐가 까먹은 호박씨

족제비를 해부한 뒤 양지바른 풀밭에 두었다. 며칠 뒤에 가 보니 족제비 주검은 뼈만 남고 까만 쥐똥이 쌓여 있었다.

2005년 3월, 경기 파주출판단지

쥐 굴

쥐는 거의 다 땅속에 굴을 파고 산다.[17] 구멍 입구는 지름이 5cm 안팎으로 조그 맣지만, 땅속에서는 쥐 굴이 이리저리 사방으로 뻗어 있다. 새끼를 치는 보금자리 는 가장 깊고 안전한 곳에 둔다.

산과 들에는 쥐구멍처럼 보이는 구멍이 무척 많다. 구멍 입구를 꼼꼼히 살펴보 면 그 안에 쥐가 살고 있는지 아닌지를 알 수 있다. 입구에 거미줄이 있거나 가랑 잎이 쌓여 있으면 버려진 쥐구멍이다. 입구가 깨끗하고, 그 앞에 쥐 발자국이나 쥐똥이 있으면 쥐가 살고 있는 굴이 틀림없다. 겨울이라면 쥐구멍 입구에 성에가 낀 것을 보고 가려낸다. 쥐가 살고 있으면, 쥐가 내뿜는 더운 입김이 찬 바람을 맞 아 굴 입구에 허옇게 성에가 낀다.

논둑에 나 있는 쥐 굴. 굴 앞에 똥을 싸
놓았다.[18] 구멍 지름 4cm.
2004년 11월, 강원 양구 수입천 논둑

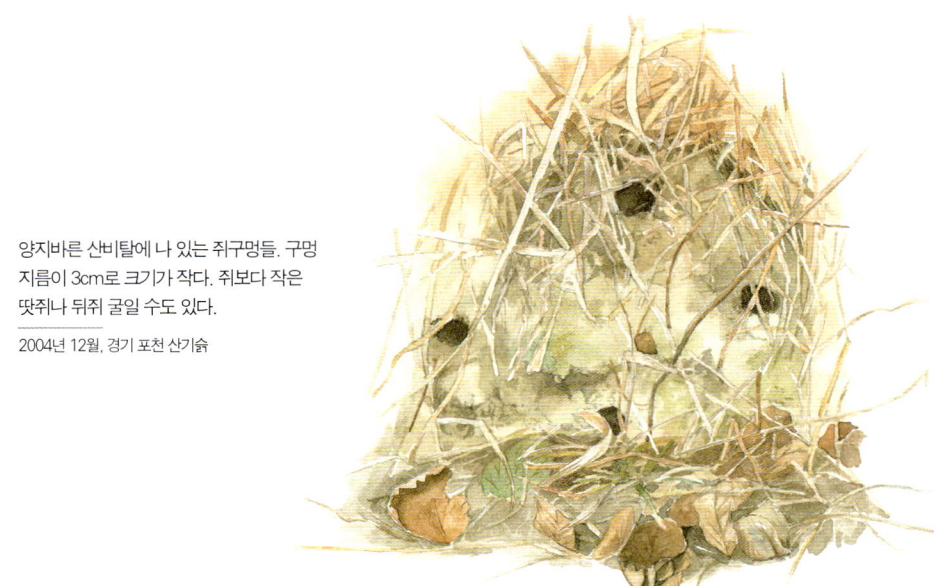

양지바른 산비탈에 나 있는 쥐구멍들. 구멍 지름이 3cm로 크기가 작다. 쥐보다 작은 땃쥐나 뒤쥐 굴일 수도 있다.

2004년 12월, 경기 포천 산기슭

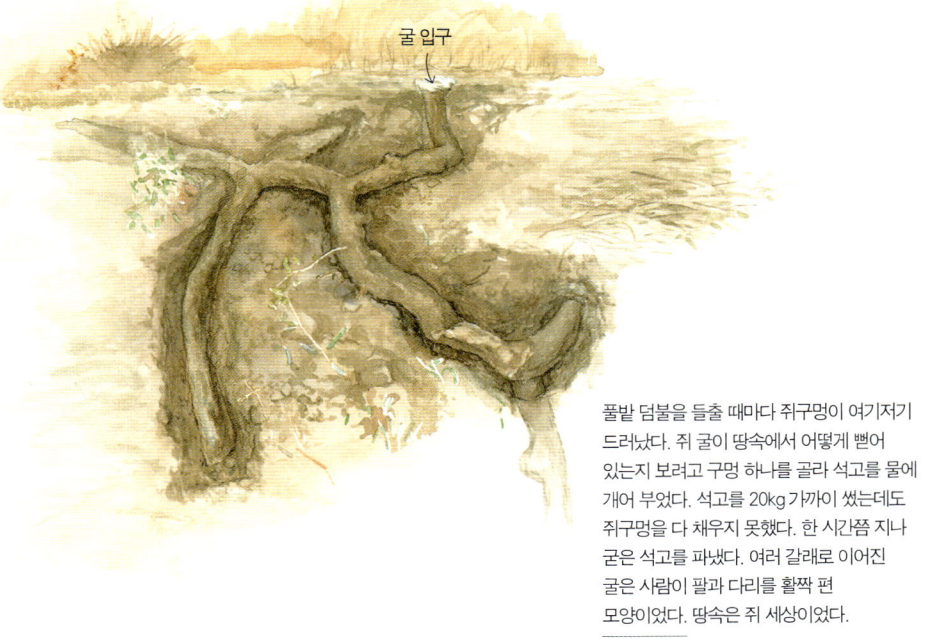

굴 입구

풀밭 덤불을 들출 때마다 쥐구멍이 여기저기 드러났다. 쥐 굴이 땅속에서 어떻게 뻗어 있는지 보려고 구멍 하나를 골라 석고를 물에 개어 부었다. 석고를 20kg 가까이 썼는데도 쥐구멍을 다 채우지 못했다. 한 시간쯤 지나 굳은 석고를 파냈다. 여러 갈래로 이어진 굴은 사람이 팔과 다리를 활짝 편 모양이었다. 땅속은 쥐 세상이었다.

2004년 12월, 경기 포천 산기슭 풀밭

풀 줄기에 멧밭쥐 둥지가 매달려 있다.
사람들이 잘 오지 않는 곳이어서 멧밭쥐가
안심하고 길가 풀숲에 둥지를 틀어 놓았다.

2004년 11월, 강원 화천 민통선 구역 길가

멧밭쥐 둥지

멧밭쥐는 우리나라에서 살고 있는 쥐 가운데 덩치가 가장 작다. 억새나 갈대 잎에 올라가도 풀잎이 꺾이지 않는다. 멧밭쥐는 풀 줄기에 둥지를 짓고 새끼를 친다. 둥지는 얼핏 보면 새 둥지처럼 보인다. 높이가 30~50cm쯤 되는 풀 위에 둥지를 짓기도 하고, 바닥 가까이 낮은 데 짓기도 한다.

둥지는 긴 풀잎을 세로로 가늘게 찢은 다음 돌려 엮어서 만든다. 둥지가 얹혀 있는 풀 줄기가 가을까지 푸르러서 둥지를 지켜 준다. 여름에 새끼를 치고, 새끼가 다 자라는 가을 무렵에는 둥지를 버리고 땅으로 내려와서 다른 쥐처럼 굴을 파고 들어가서 산다. 한 번 쓴 둥지는 버리고 이듬해 새로 만든다. 사람 손이 덜 타는 갈대밭 같은 곳에 멧밭쥐 둥지가 아주 많다.

공처럼 생긴 멧밭쥐 둥지. 겉은 거칠거칠하지만 속에는 가늘고 부드러운 풀을 깔아 놓는다. 이 작은 둥지 안에서 멧밭쥐 새끼 4~5마리가 태어나고 자란다. 둥지 지름은 8~15cm, 입구 지름은 1.5~2cm.

2005년 1월, 강원 양구 지석리 묵정밭

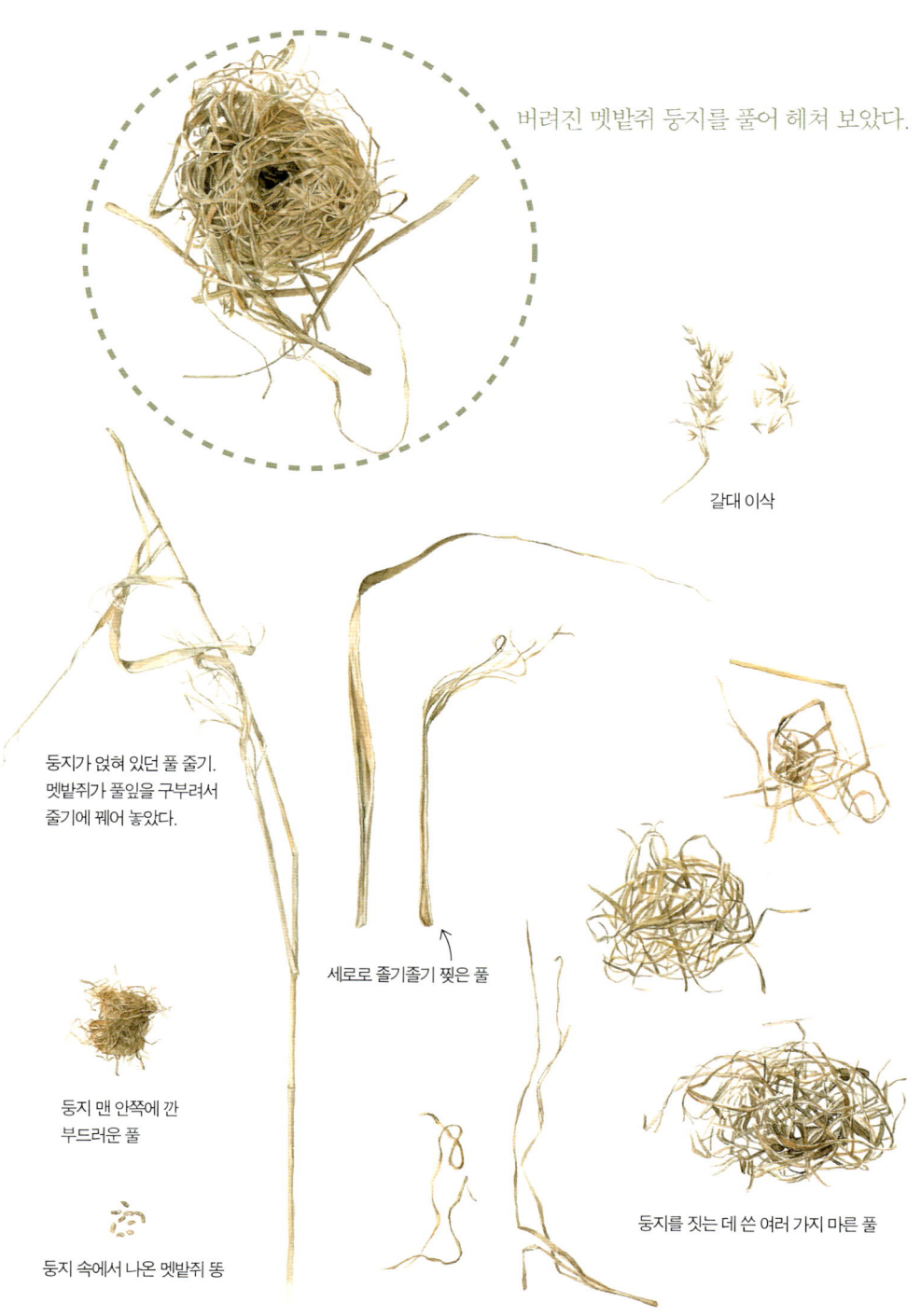

버려진 멧밭쥐 둥지를 풀어 헤쳐 보았다.

갈대 이삭

둥지가 얹혀 있던 풀 줄기. 멧밭쥐가 풀잎을 구부려서 줄기에 꿰어 놓았다.

세로로 졸기졸기 찢은 풀

둥지 맨 안쪽에 깐 부드러운 풀

둥지 속에서 나온 멧밭쥐 똥

둥지를 짓는 데 쓴 여러 가지 마른 풀

죽은 쥐 관찰

집쥐
논에 깔린 짚더미 위에 죽어 있었다. 통통하고
털이 보송보송했다.

2005년 2월, 경기 파주출판단지

비단털들쥐
길섶에 죽어 있었다. 나무젓가락으로 집어
들자 구더기들이 재빨리 땅속으로
파고들었다. 죽은 지 열흘이 넘은 것 같다.
살은 썩어서 없고 뼈와 털만 남았다.
꼬리와 발이 온전하게 남아 있다.

2004년 12월, 경기 포천 직동리 산

쥐 뼈
무슨 쥐인지 알 수 없다. 살과 털은 다 썩어
없어지거나 날아가고 뼈만 남았다. 오래되어서
뼈도 허옇게 변했다. 짐승이나 새한테
잡아먹혔다면 이렇게 뼈가 온전히 남아 있기
어렵다.

2004년 11월, 강원 양구 수입천 둑방 바위

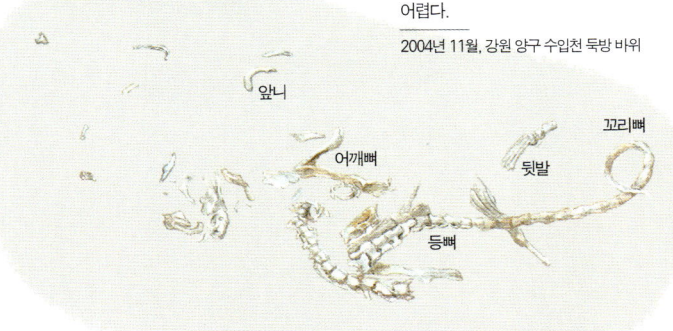

앞니　어깨뼈　꼬리뼈　뒷발　등뼈

멧토끼
산토끼, 토끼, 토갱이, 토깨이, 투꾸 Lepus coreanus

분류 토끼목 멧토끼과
먹이 풀, 어린 나뭇가지, 나뭇잎, 나무껍질, 채소, 콩
수명 5년
몸길이 42~50cm **귀 길이** 10cm
꼬리 길이 6~7cm
몸무게 1.2~2kg
특징 큰 귀를 마음대로 움직인다.

귀가 유난히 크다. 윗입술 가운데가 째져서 깊은 홈이 파였다. 뒷발이 앞발보다 훨씬 크고 길며, 꼬리는 짧다. 털색은 잿빛이 많다.

멧토끼는 흔한 산짐승으로 우리나라 고유종이다. 귀가 유난히 큰데, 큰 귀를 이리저리 돌릴 수 있고 작은 소리도 잘 듣는다. 뒷발이 앞발보다 훨씬 크고 길어서 털뚝 터덜뚝 잘 뛴다. 낮은 산이나 풀이 우거진 곳에서 산다. 어두워지면 먹이를 찾아서 돌아다닌다. 풀이나 어린 나뭇잎, 나뭇가지, 나무껍질, 채소, 콩 같은 것을 먹는다. 쥐처럼 이빨이 계속 자라기 때문에 나무같이 단단한 것을 늘 갉아야 한다.[19]

멧토끼는 늘 다니던 길로만 조심스레 다니지 쉽사리 새로운 길을 찾으려 하지 않는다. 눈이 온 날 멧토끼 발자국을 따라가 보면 얼마 가지 않아서 다시 처음 자리로 되돌아오는 것을 알 수 있다.

멧토끼는 정해진 집 없이 이리저리 옮겨 다니면서 지낸다. 짝을 짓고 새끼를 낳아 기를 때만 보금자리를 마련한다. 보금자리는 늘 다니는 오솔길에서 조금 벗어나서 땅굴이나 수풀이 우거진 곳에 숨어 있다. 바위틈에 생긴 굴도 이용한다. 보금자리나 쉼터 가까이에서는 똥도 안 누고 풀도 안 뜯는다. 흔적을 남기지 않아야 안전하기 때문이다.

우리나라에는 멧토끼말고도 우는토끼가 산다. 우는토끼는 백두산에서 사는데, 멧토끼와 달리 귀가 짧고, 꼬리가 털 속에 숨어 있어서 안 보인다. '끙끙' 소리를 내면서 운다고 우는토끼라고 한다. 집에서 키우는 집토끼는 멧토끼와 색깔과 생김새가 다르다. 집토끼는 다른 나라에서 들여온 것인데, 굴을 파고 산다.

멧토끼 발자국

멧토끼 발자국은 겨울 눈밭에서 쉽게 볼 수 있다. 걷지 않고 뛰기 때문에 늘 네 발이 함께 찍힌다. 멧토끼는 뒷발이 앞발보다 훨씬 크다.[20] 큰 뒷발 한 쌍이 앞에 찍히고, 앞발 한 쌍은 뒤쪽에 앞뒤로 놓인다. 앞발 뒷발 모두 발가락이 네 개씩 있고 발톱도 있지만, 발바닥이 털로 덮여 있어서 또렷하지 않다. 겨울에는 털이 더 자라서 발가락이나 발톱을 거의 알아볼 수 없다.

청설모 발자국이 멧토끼 발자국과 비슷한데, 청설모는 앞발 한 쌍이 앞뒤로 놓이지 않고 나란히 놓인다. 멧토끼 발자국이 더 크다.

앞발 발자국
6×4cm

뒷발 발자국
14~20×5cm

뒷발 발자국

앞발 발자국

멧토끼가 투둑투둑 천천히 뛰어서
뒷발 발자국이 크게 찍혔다.

뒷발 발자국

앞발 발자국

멧토끼가 빨리 뛰어갔다.
빨리 뛸 때는 발을 살짝 내딛기 때문에
뒷발 발자국이 작고 동그랗게 찍힌다.

2005년 2월, 경북 춘양 삼동산

눈에 찍힌 멧토끼 발자국.
뒷발 발자국이 무척 크다. 걸음 폭은 30cm쯤
되는데, 놀라서 달아날 때는 4~5m까지
멀리 뛰기도 한다.

2005년 2월, 강원 양구 임당리 산자락

멧토끼 똥

멧토끼 똥은 동그랗고 납작하다. 풀이나 나무껍질 같은 것만 먹어서 냄새도 안 나고 깨끗하다. 한곳에 여러 알을 누기도 하고, 달리면서 한두 알씩 흘리고 가기도 한다.

멧토끼는 먹이를 먹고 나서 처음 눈 똥을 바로 다시 주워 먹는다. 처음 눈 똥은 짙은 풀색인데, 싸자마자 바로 먹어 버리기 때문에 여간해서 보기가 어렵다. 이 똥을 먹고 나서 다시 누는 똥이 우리가 흔히 보는 누런색 똥이다. 똥 겉에 나무껍질 부스러기 같은 것이 보이고, 거칠거칠하고, 잘 부서진다.

멧토끼 똥은 흔하지만 새끼를 낳아 키우는 보금자리나 쉼터 가까이에서는 보기 어렵다.

동그랗고 납작한 멧토끼 똥
지름 10~15mm
두께 4mm

2005년 1월, 강원 양구 지석리 산

멧토끼가 처음 눈 똥이다. 짙은 풀색이고
부드럽고 연하며 영양이 많이 들어 있다.
이런 똥은 싸자마자 바로 주워 먹는데,
이 똥은 어쩐 일로 먹지 않았다.

2004년 11월, 강원 양구 오미리 산기슭

← 멧토끼가 갉아 먹은 싸리나무

멧토끼가 싸리나무껍질을 갉아 먹고 똥을
쌌다. 똥에 나무껍질 부스러기들이 많이
섞여 있다.

2005년 2월, 강원 양구 임당리 산자락

멧토끼가 먹은 자국

멧토끼는 풀이나 나뭇가지를 먹는 초식 동물이다. 앞니가 크고 튼튼해서 풀이나 나뭇가지를 먹을 때 칼로 자른 듯 말끔하게 잘라 먹는다. 땅에서 20~30cm 높이에 있는 나뭇가지가 비스듬히 날카롭게 잘려 있으면 멧토끼가 그런 것이다. 겨울에는 나무껍질을 많이 갉아 먹는데, 잘 살펴보면 이빨 자국이 보이기도 한다.

멧토끼가 먹은 자리는 고라니나 노루가 먹은 자리와 헷갈릴 수 있다. 멧토끼가 먹은 자국은 칼로 벤 듯 깔끔하고, 고라니나 노루는 위턱에 앞니가 없어서 잇몸으로 문질러 뜯기 때문에 먹은 자리가 좀 지저분하다. 먹은 자리 높이도 다르다. 키가 큰 노루는 50~100cm 높이에 먹은 자국이 남아 있고, 30~50cm 높이에 있는 자국은 대개 고라니 것이다. 그보다 아래에 있는 것은 멧토끼 것이다.

잘라 먹은 자리

멧토끼 쉼터

멧토끼 보금자리는 땅속 굴이나 풀숲에 있다. 우리나라 멧토끼는 보통 굴을 파지 않지만, 새끼를 칠 때는 드물게 땅속에 굴을 파기도 한다. 다른 짐승이 쓰던 굴을 쓰기도 한다. 새끼가 어지간히 자라면 굴을 버리고 여기저기 돌아다니면서 지낸다.

보금자리와 달리 쉼터는 나무숲이나 덤불이 우거진 곳을 잘 살펴보면 찾을 수 있다. 꾸미지 않고 저절로 이루어진 것인데, 일부러 정성들여 지은 것처럼 보인다. 앞은 트여 있고, 위쪽과 양옆이 여러 겹 풀잎으로 잘 가려져 있어서 비가 새지 않는다. 바닥은 조금 패어 있다. 바닥이 부드럽게 다져져 있는 것을 보면 쉼터를 여러 차례 다녀갔다는 것을 알 수 있다. 쉼터는 천적에게 들키지만 않으면 오랫동안 계속 쓴다.

멧토끼 보금자리나 쉼터는 멧토끼가 늘 다니는 길과 이어져 있지 않다. 꾀 많은 멧토끼는 늘 오솔길에서 몇 발자국 멀리 뛰어 조심스레 쉼터로 들어간다.

멧토끼 쉼터

멧토끼 쉼터. 앞은 트여 있고 삼면이 마른
풀로 촘촘하게 가려져 있다. 조그맣고 아늑해
보인다.

2005년 2월, 강원 양구 임당리 산자락

멧토끼가 사는 풀밭

멧토끼가 다니는 길

멧토끼와 작은 짐승들이 지나다니는 조그만 오솔길이다. 폭이 20cm 남짓 된다. 자주 오고 가서 길이 잘 나 있고, 둘레에 멧토끼 똥도 많이 보였다. 멧토끼는 늘 다니는 길로만 다닌다. 사람들이 이 습성을 알고 멧토끼 길목에 올무를 놓기도 한다.

2005년 1월, 강원 양구 오미리 산기슭

멧토끼 올무

멧토끼가 자주 다니는 길목에 사람들이
올무를 놓았다. 나뭇가지를 깎아 땅에 꽂고,
가는 철사로 멧토끼 머리가 들어갈 만한
고리를 동그랗게 엮어 매달아 놓았다.
땅에서 한 뼘 높이다.

2005년 2월, 강원 양구 임당리 산자락

너구리

너우리, 넉구리, 넉다구리 *Nyctereutes procyonoides*

분류 식육목 개과
먹이 쥐, 벌레, 개구리, 물고기, 새, 산열매
수명 8~10년
몸길이 60cm **꼬리 길이** 15~20cm
몸무게 5kg
특징 똥을 아무 데나 누지 않고 한곳에 눈다.
   눈언저리가 까맣다.

몸이 통통하다. 주둥이가 뾰족하고
눈언저리와 두 뺨이 까맣다. 다리는 짧고
꼬리털이 북슬북슬하고 길다.

2004년 10월, 경기 과천 서울대공원 동물원

너구리는 흔한 산짐승이다. 눈언저리가 까맣고, 몸이 통통하다. 산이나 논밭이나 갈대밭에서 산다. 먹이를 찾아서 마을에도 내려오고 도시에서도 산다. 밤에 돌아다니고 조그만 기척에도 숨어 버려서 실제로 보기는 어렵다. 천적을 만나거나 위험을 느끼면 죽은 척하고 가만히 있다가 때를 봐서 재빨리 달아난다.

　너구리는 이것저것 가리지 않고 다 먹는 잡식성이다. 쥐구멍을 파서 쥐를 잡아먹고, 개구리, 뱀, 멧토끼, 고라니 새끼를 잡아먹고, 썩은 고기도 먹는다. 산열매를 따 먹고 채소나 곡식도 먹으며 가랑잎 더미를 뒤져서 도토리나 벌레도 찾아 먹는다.[21] 공원에서 쓰레기통을 뒤지기도 한다. 너구리는 개과 동물 가운데 유일하게 겨울잠을 잔다. 겨울잠을 자다가도 날이 따뜻하면 밖으로 나와서 물을 마시고 먹을 것을 찾아 먹는다.

　혼자 사는데 때로는 식구가 모여 살기도 한다. 보금자리는 여우나 오소리 굴을 빼앗아 쓰거나 스스로 굴을 판다. 돌 틈이나 나무통을 굴로 쓰기도 한다. 2~3월에 수컷 한 마리가 암컷 여러 마리와 짝짓기를 한다. 암컷은 5~6월에 새끼를 5~8마리쯤 낳는다. 갓 낳은 새끼는 몸에 검은 털이 덮여 있다. 새끼는 두 달 동안 어미젖을 먹고, 4~5개월이면 어미를 떠나 혼자 살아간다.

　너구리는 겁이 많고 순한 편이지만, 광견병을 옮길 수도 있어서 물리지 않게 조심해야 한다.

너구리 똥

너구리 똥은 늘 무더기로 쌓여 있다. 똥을 한자리에 누기 때문이다. 똥 무더기 아래쪽에 있는 똥은 눈 지 오래되어 허옇게 바래고 푸석푸석하다. 위로 갈수록 촉촉하고 반들반들한 새 똥이다. 생김새는 개똥과 비슷한데, 개똥과 달리 벼 낟알이나 풀씨가 섞여서 나올 때가 많다. 색깔은 먹은 것에 따라 다르다. 마을에도 자주 내려오기 때문에 똥 속에서 고춧가루 같은 음식물 찌꺼기가 나오기도 한다.

너구리 똥 무더기. 갈대밭 근처 단단한 진흙 바닥에 쌓여 있었다. 벼를 많이 먹어서 벼 낟알 껍질만 남은 똥도 있고, 새나 쥐를 잡아먹었는지 털과 뼈가 잔뜩 들어 있는 똥도 있다. 똥을 눈 지 꽤 오래된 것 같다.

2005년 4월, 경기 안산 시화호

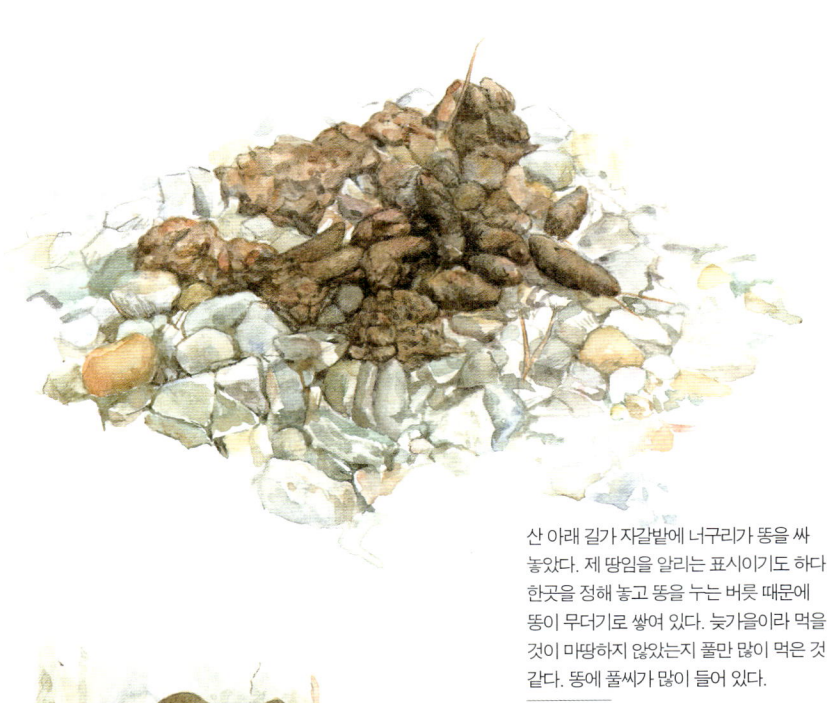

산 아래 길가 자갈밭에 너구리가 똥을 싸 놓았다. 제 땅임을 알리는 표시이기도 하다. 한곳을 정해 놓고 똥을 누는 버릇 때문에 똥이 무더기로 쌓여 있다. 늦가을이라 먹을 것이 마땅하지 않았는지 풀만 많이 먹은 것 같다. 똥에 풀씨가 많이 들어 있다.

2004년 11월, 강원 화천 민통선 구역

똥 색깔이 까무잡잡하다. 쥐를 잡아먹고 눈 똥이다.

2005년 4월, 경기 안산 시화호

새를 잡아먹고 눈 똥이 시간이 흘러서 허옇게 바랬다.

2005년 4월, 경기 안산 시화호

똥이 황토로 되어 있다. 흙을 주워 먹었나 보다. 처음에는 한 줄기 덩어리 똥이었는데, 시간이 지나면서 토막토막 갈라졌다.

2005년 4월, 경기 안산 시화호

✱ 너구리 똥에서 나왔어요

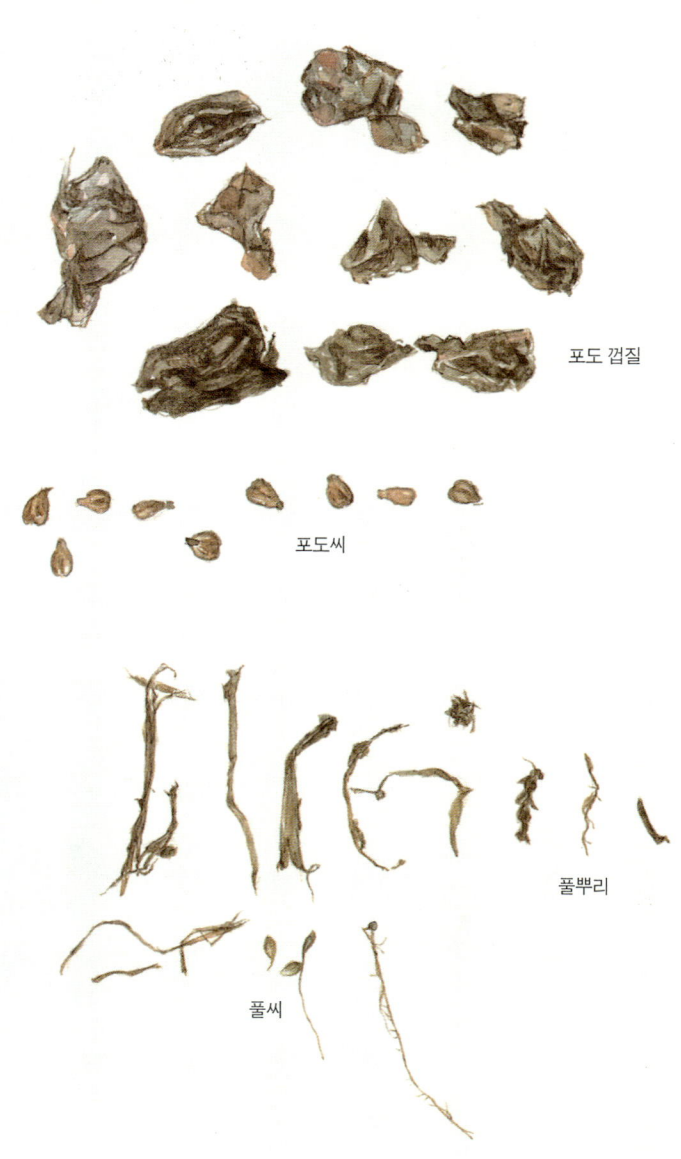

포도 껍질

포도씨

풀뿌리

풀씨

너구리가 포도를 많이 먹고 눈 똥이다. 단단한 포도씨와 함께 포도 껍질까지 그대로 나왔다. 똥 무더기에서 멀지 않은 곳에 포도밭이 있었다. 늦가을이라 포도는 벌써 다 따고 없다. 아무래도 바닥에 떨어진 포도를 주워 먹은 것 같다. 너구리는 잡식성이어서 이것저것 가리지 않고 다 먹는다. 곤충도 잡아먹었는지 곤충 껍질과 다리도 똥에 섞여 나왔다.

2004년 10월, 경기 안산 시화호

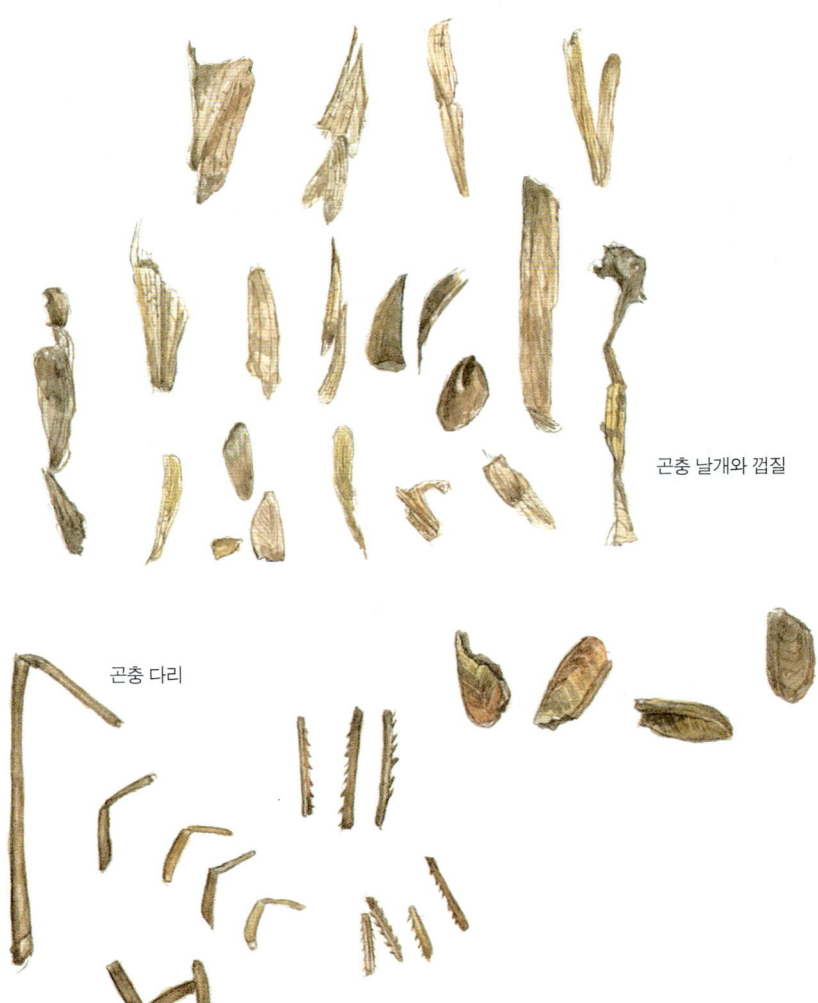

곤충 날개와 껍질

곤충 다리

너구리 발자국

너구리 발자국은 흔하다. 산기슭에도 있고, 논밭이나 물가나 바닷가 모래밭에서도 볼 수 있다.

너구리 발자국은 앞발 뒷발 다 발가락이 네 개씩 찍히고 발톱도 또렷하게 찍힌다. 네 발가락이 발바닥 못을 중심으로 쫙 벌어지고 발바닥 못은 산 모양으로 찍힌다. 앞발 발자국이 뒷발 발자국보다 조금 크다.

개 발자국과 비슷해서 발자국만 보고는 누구 발자국인지 가려내기가 어렵다. 개 발자국은 보통 집 가까이에 많고, 사람 발자국과 같이 있을 때가 많다. 또 개는 까불거리면서 다니기 때문에 발자국이 삐뚤빼뚤할 때가 많다. 너구리 발자국은 사람이 잘 다니지 않는 곳에 많고, 곧게 이어진다.

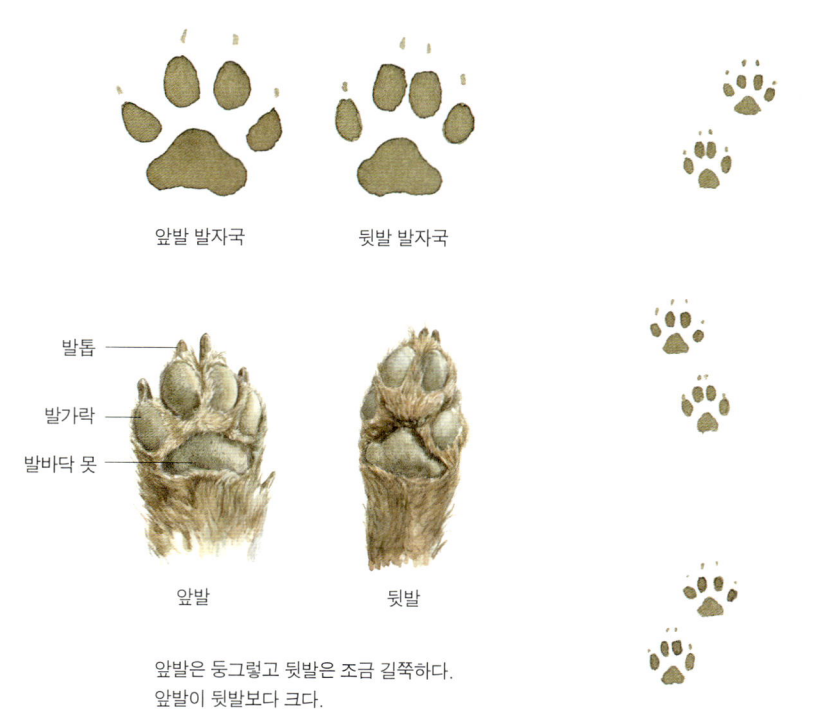

앞발 발자국   뒷발 발자국

발톱
발가락
발바닥 못

앞발   뒷발

앞발은 둥그렇고 뒷발은 조금 길쭉하다.
앞발이 뒷발보다 크다.

너구리가 걸어간 자국

앞발 발자국
5.5×4.8cm

뒷발 발자국
5.3×3.7cm

2004년 10월, 경기 안산 시화호 갈대밭

너구리가 천천히 걸어간 발자국이다.
앞발 뒤에 뒷발이 닿을 듯이 찍혔다.

2004년 11월, 강원 양구 수입천 모래밭

| 죽은 너구리 관찰 |

너구리가 차에 치여서 죽어 있었다. 털이 북실북실하고 살이 찐 암컷 너구리였다. 갈대밭을 돌아다녔는지 배에 마른 갈댓잎들이 붙어 있고, 꼬리와 다리 쪽에는 진흙이 많이 묻어 있었다. 도꼬마리 열매와 단풍잎도 털에 붙어 있었다.
몸길이 56cm **꼬리 길이** 20cm **몸무게** 5.4kg
2005년 3월, 경기 파주출판단지

너구리가 잰걸음으로 총총 걸어갔다.
네 발이 다 따로따로 찍혔다.
여러 마리가 다녔는지 둘레가 온통
너구리 발자국투성이였다.
걸음 폭 40~60cm.

2004년 10월, 경기 안산 시화호 갈대밭

너구리가 다니는 길

너구리가 길가 풀숲에 낸 길이다.
사람이 잘 안 다니는 곳이어서 너구리뿐
아니고 다른 짐승들도 마음 놓고 많이
지나다니는 것 같았다. 바닥이 꽤 잘 다져져
있고, 풀 줄기가 꺾이고 휘어서 둥그런
지붕처럼 보였다.
가까이에 너구리 똥 무더기도 있었다.

2004년 11월, 강원 화천 민통선 구역

늑대 이리, 말승냥이 *Canis lupus*

분류 식육목 개과
먹이 멧토끼, 노루, 멧돼지, 새
수명 10년, 동물원에서는 16년까지 살기도 한다.
몸길이 100~120cm
몸무게 20~30kg
특징 무리를 짓고 산다.

개와 닮았다. 주둥이가 길고 귀는 늘 곧추선다.
허리가 굵고 길며 다리도 길고 튼튼하다.
털색은 누런색이나 잿빛이다. 꼬리 끝은 검다.
2002년 9월, 경기 양주 야생동물구조센터

늑대는 개과 동물 가운데 가장 크다. 집에서 기르는 개의 조상으로 성질이 무척 사납다. 개는 꼬리를 위로 올리고 잘 흔들지만, 늑대는 꼬리가 발꿈치까지 닿고 아래로 축 늘어진다. 개처럼 짖지 않고 '아우' 하고 길게 운다. 아기가 슬피 우는 소리처럼 처량하게 들리기도 한다.

전에는 산과 들에서 무리를 지어 살았지만 요즘은 수가 줄어서 혼자 살기도 한다. 새벽이나 해 질 무렵에 굴에서 나와 먹이를 찾아다니는데 새끼를 키울 때는 낮에도 사냥을 한다. 늑대는 머리가 좋고 눈도 밝고 귀도 밝다. 냄새도 잘 맡아서 2km 밖에 있는 먹잇감의 냄새도 맡는다. 먹이 냄새를 맡으면 뒤따라가서 엉덩이를 물어 덮친 뒤 한 번에 배불리 먹는다. 남은 먹이는 숨겨 두었다가 나중에 먹기도 한다. 먹을 것이 없으면 며칠씩 굶는다. 노루, 멧토끼, 사슴 따위를 좋아하는데, 배가 고프면 쥐나 새 같은 작은 동물도 잡아먹는다. 먹이가 모자라면 마을에 내려와서 돼지나 염소나 닭을 물어 가기도 한다. 늑대 한 마리가 한 해에 노루를 50마리쯤 잡아먹는다.[22]

늑대는 암컷과 수컷이 짝을 지으면 죽을 때까지 함께 산다. 짝짓기는 보통 1~2월에 하고 두 달 뒤에 새끼를 5~10마리 낳는다. 새끼는 한 달쯤 젖을 먹는데, 젖을 떼기 전부터 어미가 토해 주는 고기를 먹기 시작한다. 세 살이 되면 다 자라서 짝짓기를 한다.

1970년대까지 강원도 삼척이나 경상북도 문경에 살았는데, 지금은 남녘에서는 멸종된 것 같다. 북녘에서는 아직 살고 있다.

발자국
개 발자국과 무척 비슷하다. 개는 지그재그로 장난 걸음이 많고 늑대 발자국은 늘 곧게 나 있는 편이다. 앞발 뒷발 모두 발가락이 네 개씩 찍히고 발톱도 찍힌다. 발바닥 못은 산 모양이다.

9×7cm
걸음 폭 80cm

승냥이 승내이, 승야이 *Cuon alpinus*

분류 식육목 개과
먹이 사슴, 노루, 고라니, 멧돼지
수명 12년, 동물원에서는 16년까지 살기도 한다.
몸길이 90~120cm **꼬리 길이** 40cm
몸무게 15~20kg
특징 동물원에서도 보기 힘들 만큼 드물다.

여우나 늑대와 비슷하다. 등 쪽은 붉은 갈색이고 배 쪽은 흰색이다. 주둥이가 길고 귀가 곧추서 있다. 다리가 길고 튼튼하다. 꼬리는 굵고 긴데 끝으로 갈수록 검다.

2005년 5월, 경기 과천 서울대공원 동물원
(북녘 평양에서 막 온 것이다.)

승냥이는 늑대와 닮았는데, 크기가 조금 작다. 털이 붉어서 여우처럼 보이기도 한다. 울음소리는 개 짖는 소리와 비슷하다. 낮은 산에도 살고 산꼭대기에서도 산다. 1950년대까지 살았으나 지금은 멸종된 것 같다. 우리나라뿐 아니라 가까운 중국이나 러시아에서도 마찬가지다. 동물원에만 몇 마리가 살아 있다. 동물원 우리에서 보면 아주 부지런히 왔다 갔다 하고 잠시도 가만히 있지 않는다. 동물원 우리 가까이 사진기를 들이대거나 사람이 가까이 다가가면 쏜살같이 달려들면서 덮치려고 든다.

승냥이는 눈이 좋고 귀도 밝고 냄새도 잘 맡는다. 성질이 무척 사납다. 먹잇감을 쫓아 수십 킬로미터를 따라가기도 한다. 멧돼지나 사슴 같은 큰 동물을 잡을 때는 여러 마리가 함께 사냥하는데, 이럴 때는 휘파람 소리를 내며 짖는다. 토끼나 쥐 같은 작은 동물을 잡아먹기도 하고 벌레나 죽은 동물을 먹기도 한다. 배가 고프면 풀도 뜯어 먹지만, 집짐승은 잡아먹지 않는다. 밤이고 낮이고 돌아다니는데, 새벽녘에 가장 잘 돌아다닌다.

승냥이는 무리를 지어 산다. 한 식구끼리 살 때가 많지만, 두세 식구가 모여 살기도 한다. 땅굴이나 바위틈을 보금자리로 쓴다. 스스로 땅굴을 파기도 하고 다른 동물이 파 놓은 굴을 고쳐서 쓰기도 한다. 가을에 암수가 짝을 지어 다니다가 짝짓기를 한다. 새끼는 겨울에 4~6마리 낳는다. 갓 낳은 새끼는 짙은 갈색 솜털로 덮여 있다. 여러 어미들이 서로 도와 가며 새끼를 함께 키우기도 한다.[23]

여우

여수, 여시, 야시, 여깨이 *Vulpes vulpes*

분류 식육목 개과
먹이 쥐, 새, 벌레, 물고기, 산열매, 콩, 채소
수명 6년, 동물원에서는 13년까지 살기도 한다.
몸길이 50~70cm **꼬리 길이** 30~50cm
몸무게 4~7kg
특징 '캥캥' 하고 운다. 꾀가 많다.

개보다 조금 작고 몸매가 날씬하다. 주둥이는 길고 뾰족하며 뻣뻣한 수염이 나 있다. 귀가 크고 세모꼴로 곧추서며 뒤쪽에 커다란 검은 점이 있다. 꼬리가 길고 털이 탐스럽다.

2004년 10월, 경기 과천 서울대공원 동물원

여우는 개와 닮았는데, 조금 더 작고 몸매는 훨씬 날씬하다. 눈동자가 줄어들면 세로로 긴 바늘 모양이 된다. 털은 붉은 갈색인데, 사는 곳에 따라 다르다. 꼬리털이 탐스럽다. 우리나라에서는 멸종된 것으로 알려졌는데, 어찌된 일인지 2004년 봄에 강원도 양구에서 죽은 여우가 발견되었다. 중국이나 일본이나 유럽에서는 아직도 많이 살고 있다.

여우는 눈도 밝고 귀도 밝고 냄새도 잘 맡는다. 새벽이나 해 질 녘에 나와서 먹이를 찾는데, 새끼를 키울 때는 낮에도 사냥을 한다. 먹이를 쫓아서 멀리까지 가기도 한다. 쥐를 가장 좋아해서 하루에 15~20마리나 잡아먹는다. 작은 동물이나 새, 물고기와 벌레를 즐겨 먹지만, 가을에는 콩이나 산열매나 채소도 먹는 잡식성이다. 죽은 짐승 고기도 먹고, 남은 먹이를 저장할 줄도 안다.[24] 또 헤엄도 잘 치고, 비스듬히 서 있는 나무에도 잘 오른다. '캥캥' 하고 운다.

보통 때는 아무 데서나 잠을 자지만, 새끼칠 때는 보금자리를 마련한다. 스스로 땅굴을 파거나 빈 나무통을 보금자리로 쓴다. 오소리 굴이나 너구리 굴을 빼앗아 쓰기도 한다. 겨울에 짝짓기를 하고 봄에 새끼를 3~6마리 낳는다. 수컷도 함께 새끼를 키운다. 새끼는 한 달이면 굴 밖으로 나와 햇볕을 쬐고, 5주 뒤에 젖을 뗀다. 가을쯤에는 홀로 살아간다.

발자국

개나 늑대 발자국과 비슷하다. 가운데 발가락 두 개가 곧게 앞으로 놓여서 좀 더 날씬해 보인다. 걸을 때나 뛸 때나 발자국이 한 줄로 곧게 나 있다.

7×5cm
걸음 폭 30cm
달릴 때 걸음 폭 70~80cm

반달가슴곰 반달곰, 곰 *Ursus thibetanus*

분류 식육목 곰과
먹이 도토리, 나뭇잎, 벌레, 물고기, 꿀
수명 30년, 동물원에서는 60년까지 살기도 한다.
몸길이 120~180cm
몸무게 65~150kg
특징 앞가슴에 흰 반달무늬가 있다.

털색이 검고 앞가슴에 흰 반달무늬가 있다. 머리는 둥글넓적하고 눈이 작다. 둥근 귀가 머리 위에 곧추서 있다. 네 다리가 굵고 튼튼하며, 짧은 꼬리는 털에 가려 안 보인다.

2004년 6월, 경기 포천 국립수목원 산림동물원

반달가슴곰은 몸집이 큰 산짐승이다. 털색이 검고 앞가슴에 흰 반달무늬가 있다. 지리산이나 설악산 같은 깊은 산에서 산다.

새벽이나 해 질 녘에 나와서 먹이를 찾아 멀리 돌아다닌다. 반달가슴곰은 이것저것 다 먹는 잡식성인데 식물을 좀 더 많이 먹는다. 풀과 나뭇잎과 산열매를 즐겨 먹고, 가재나 물고기, 새나 쥐 같은 작은 동물을 잡아먹는다. 배가 고프면 노루같이 제법 큰 짐승도 잡아먹고 죽은 동물 고기도 먹는다. 벌꿀을 무척 좋아해서 마을 가까이 내려와 벌통에서 꿀을 훔쳐 먹기도 한다. 눈은 썩 안 좋은데 귀는 아주 밝아서, 300m 밖에 있는 사람 발자국 소리도 알아듣는다. 나무에 잘 오르고 뒷걸음쳐서 내려올 줄도 안다. 바위 절벽도 잘 기어오르고, 4~5m 너비쯤은 가뿐히 건너뛴다.

반달가슴곰은 가을에 엄청나게 먹는다. 겨울잠 자러 가기 전에 살을 찌우는 것이다. 가장 즐겨 먹는 것은 도토리로, 굵은 참나무를 타고 올라가서 나뭇가지에 주저앉아 참나무 가지를 꺾어 들고는 도토리를 훑어 먹는다. 따 먹고 난 가지는 엉덩이 밑에 계속 깔고 앉는다. 멀리서 보면 커다란 새 둥지처럼 보이는데 이것을 '상사리'라고 한다. 반달가슴곰이 사는 숲에는 반드시 상사리가 있다. 겨울이 오면 속이 비어 있는 나무통이나 굴에 들어가서 겨울잠을 잔다. 겨울잠을 잘 굴을 찾을 때는 나무통마다 올라가서 하나하나 들여다보고 쓸 만한 것을 고른다.

암컷은 겨울잠을 자면서 새끼를 두 마리 낳고, 두 달 넘게 젖을 먹여서 키운다. 봄에 어미가 겨울잠에서 깨어나 굴 밖으로 나올 때 새끼도 어미를 따라 나온다. 새끼는 여섯 달이 지나면 젖을 떼고, 4년이면 다 자라서 짝짓기를 할 수 있다.[25]

반달가슴곰 발자국

반달가슴곰은 네 발로 걷기도 하고 두 발로 서서 걷기도 한다. 발바닥이 크고 두텁고 털이 거의 없다. 앞발과 뒷발 모두 발가락이 다섯 개이고, 발톱이 또렷하게 찍힌다.

뒷발 발자국이 사람 발자국과 무척 비슷하다. 사람 발처럼 좁고 길며 앞이 넓고 뒤가 좁다. 앞발 발바닥은 앞부분만 찍혀서 뒷발보다 훨씬 짧아 보인다. 앞발 발자국은 오소리 발자국과 비슷하다. 사람처럼 뒷발 발바닥에 쏙 들어간 쪽이 안쪽이어서 왼발, 오른발을 가려낼 수 있다.

반달가슴곰은 몸집이 크고 무거워서 잘 뛰지 않고 주로 걷는다. 사람이 안짱걸음으로 걸을 때처럼 발자국이 안쪽으로 나 있다.

앞발 발자국
10×12cm

뒷발 발자국
15×11cm

오른발

왼발

걸음 폭 50~60cm

똥

　반달가슴곰은 똥을 아주 푸지게 싼다. 생김새는 길고 뭉툭한데, 늘 양이 많아서 똥이 주저앉은 느낌이 난다. 묽은 똥은 소똥 같다. 잡식성이라 똥에 산딸기 씨나 버찌 씨, 도토리 껍질, 풀, 나무뿌리, 곤충 껍질, 짐승 털과 뼈 부스러기 같은 온갖 것이 다 들어 있다. 버섯도 잘 먹는데, 다 소화되어 똥에는 안 보인다.

발톱 자국

　반달가슴곰이 오르내린 나무에는 발톱 자국이 있다. 몸이 무거워서 나무에 깊이 파인 발톱 자국을 남긴다. 특히 겨울잠을 잘 굴을 찾을 때는 쓸 만한지 보려고 한 나무를 몇 번씩 오르내리기도 한다. 곰은 나무에 오를 때나 내려올 때나 머리를 위로 하고 내려오기 때문에 발톱 자국 방향이 늘 같다. 다만, 내려올 때는 안 미끄러지려고 발에 힘을 더 주어 발톱 자국이 더 깊게 난다.

나무껍질 벗기기

　이른 봄에 나무에 물이 오르기 시작하면 반달가슴곰은 이빨로 나무껍질을 밑에서 위로 졸기졸기 찢는다. 1m 넘게 찢기도 하고 한 나무껍질을 홀랑 다 벗기기도 한다. 사시나무나 벚나무를 좋아하는데, 지름이 15~20cm인 그리 굵지 않은 나무를 고른다. 나무껍질을 벗겨서 달콤한 나무즙도 먹고, 자기 땅이라고 영역 표시도 한다.

불곰 큰곰 *Ursus arctos*

분류 식육목 곰과
먹이 풀, 산열매, 버섯, 벌레, 물고기, 쥐, 멧토끼
수명 25년, 동물원에서는 50년까지 살기도 한다.
몸길이 110~220cm
몸무게 150~450kg
특징 반달가슴곰보다 훨씬 더 크고, 북녘에만 산다.

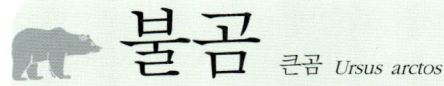

어깨가 높고 허리는 굵으며 네 다리가
굵고 튼튼하다. 주둥이가 길고, 둥근 귀는
곧추선다. 털색은 짙은 갈색이다.
2004년 6월, 경기 과천 서울대공원 동물원

불곰은 반달가슴곰보다 훨씬 크고 몸무게도 두 배 가까이 된다. 털색은 갈색이다. 산에서 많이 살지만, 탁 트인 고원이나 풀이 많은 들판에서도 산다. 철 따라 먹이를 찾아 멀리까지 옮겨 가며 산다. 낮에는 한적한 그늘에서 자고, 서늘한 아침이나 저녁에 돌아다닌다. 혼자 다닌다. 눈이 안 좋은 대신 냄새를 잘 맡고 귀가 아주 밝다. 두 발로 설 줄도 알고, 헤엄도 잘 친다. 몸이 너무 무거워서 나무에는 잘 못 오른다. 굵은 나무줄기에 발톱 자국을 남겨서 자기 땅이라는 표시를 한다.

반달가슴곰처럼 풀과 나무와 산열매 같은 식물을 주로 먹고, 물고기나 짐승도 잡아먹는다. 굴을 뒤져서 쥐나 우는토끼도 잡아먹고, 노루나 고라니 새끼도 잡아먹는다.[26] 추운 겨울에는 굴에 들어가 겨울잠을 자고 이듬해 3월에 깨어난다. 깊은 잠을 자지 않고 선잠을 자기 때문에 무슨 기척이 나면 쉽게 깬다. 한번 깨어나면 다시 겨울잠을 자지 않는다.

여름에 짝짓기를 하고, 겨울잠을 자면서 새끼를 낳는다. 새끼는 반달가슴곰처럼 가슴에 흰 무늬가 있는데 자라면서 없어진다. 새끼는 겨울잠에서 깨어나 굴을 나올 무렵 겨우 걷기 시작한다. 다섯 달 동안 젖을 먹고 이듬해까지 어미와 같이 산다. 남녘에는 살지 않고 북녘에만 산다.

발자국
덩치가 큰 만큼 발자국도 크다. 우리나라 짐승 가운데 발자국이 가장 크다. 사람 발자국과 비슷하게 생겼다.

앞발 발자국
18×21cm

뒷발 발자국
30×17cm

걸음 폭 70~90cm

족제비

쪽제비, 쪽지비, 족, 황가리 *Mustela sibirica*

분류 식육목 족제비과
먹이 쥐, 새, 개구리, 물고기
수명 7~8년
몸길이 25~35cm **꼬리 길이** 16~18cm
몸무게 250~600g
특징 쥐를 아주 잘 잡는다.

몸이 가늘고 길다. 다리는 짧고 꼬리는 길다. 털은 무척 매끄럽고, 색은 누렇거나 빛나는 굴색이다. 배 쪽은 털색이 옅다. 주둥이 둘레는 하얗다.

2004년 10월, 경기 과천 서울대공원 동물원

족제비는 흔하다. 몸이 작고 길고 날렵하다. 산에서 사는데, 논둑이나 밭둑, 마을 가까이에도 내려온다. 도시에도 더러 나타난다. 옛날에는 마을에 내려와 허술한 닭장에서 닭을 물어 가거나 물어 죽이는 일이 많았다. 족제비가 살면 둘레에 있는 쥐가 사라진다고 할 만큼 쥐를 잘 잡는다. 몸을 땅에 납작 붙이고 살금살금 기어가다가 재빨리 쥐를 콱 물어서 잡는다. 어쩌다가 쥐를 쫓아서 집 안에 들어오기도 한다. 새나 개구리나 물고기도 잡아먹는다. 새알도 훔쳐 먹고 나무 열매나 죽은 짐승 고기를 먹기도 한다.

날이 저물 무렵 많이 돌아다닌다. 새끼를 키울 때는 낮에도 먹이를 찾으러 다닌다. 발가락 사이에 짧은 물갈퀴가 있어서 헤엄도 잘 친다. 천적을 만나 위험에 부딪치면 똥구멍에서 고약한 냄새를 뿜고 달아난다.

굴이나 나무통, 나무뿌리 밑, 돌 틈 사이를 보금자리로 쓴다. 굴은 스스로 팔 때도 있고, 다른 동물이 파 놓은 굴을 제 것처럼 쓰기도 한다. 굴속에는 마른 풀이나 털 따위를 깔아 둔다. 겨울을 나려고 굴속에 먹이를 모아 두기도 한다. 봄에 새끼를 네 마리쯤 낳아서 암컷이 혼자 기른다. 새끼는 두 달이 지나면 젖을 뗀다. 두 달 반이면 어미를 떠나서 혼자 다닌다.

예전에는 족제비 털가죽을 겨울옷 만드는 데 쓰려고 족제비를 마구 잡았다. 족제비 꼬리털로 붓을 만들어 쓰기도 했다.

족제비 발자국

족제비는 앞발과 뒷발 모두 발가락이 다섯 개씩 있다. 앞발이 뒷발보다 조금 작다. 발자국 모양은 동그란데, 뒷발은 발목 못이 찍히기도 해서 발자국이 좀 길쭉하게 보이기도 한다. 발가락이 벌어져 찍히고 발톱도 또렷하게 찍힌다. 발바닥 못은 산 모양인데 아래쪽이 움푹 파인다. 발가락과 발바닥 못 사이가 꽤 떨어져 보인다. 뒷발은 발바닥 못 뒤에 작은 발목 못이 점 모양으로 찍히기도 한다. 걸을 때 네 발이 어긋나게 앞뒤로 놓이고, 뛸 때는 뒷발이 나란히 앞발 앞에 놓인다.[27]

앞발 발자국
2×2cm

뒷발 발자국
3×2.6cm

발바닥 못은 아래쪽이 움푹 파인다.

앞발   뒷발

족제비가 뛴 자국

눈이 얇게 쌓인 수로를 족제비가 뛰어갔다.
걸음 폭 30cm 안팎
뛸 때 최대 걸음 폭 120cm

2005년 1월, 강원 양구 방산리 수입천 수로

족제비 똥

족제비 똥은 가늘고 길다. 똥이 꼬여 있고, 한쪽 끝이 뾰족하다. 똥 색은 검은색이 많다. 족제비가 쥐를 많이 잡아먹어서 똥에 쥐 털이나 뼈가 많이 들어 있다. 벌레 껍질과 개구리나 물고기 뼈도 나온다. 먹이에 따라 길고 된 덩어리 똥, 설사 같은 물똥, 연한 덩어리 똥 들이 있고 냄새가 고약하다.

족제비는 똥 누는 곳이 따로 정해져 있지 않다. 돌이나 바위나 쓰러진 나무처럼 잘 보이는 곳에 싸서 제 땅임을 알린다. 자주 다니는 오솔길에서도 볼 수 있다. 똥 길이는 5~7cm, 지름은 0.5~0.8cm이다.

산속 오솔길에 있는 돌 위에 족제비가 똥을 싸 놓았다. 물이 많은 덩어리 똥이다.
2005년 4월, 강원 양구 수입천 둘레 산길

사람들이 지나다니는 길에 버젓이 싸 놓았다. 똥이 바싹 말랐고, 쥐 뼈가 드러나 보인다.
2005년 1월, 강원 양구 수입천 물가 갈대밭

✱ 족제비 똥에서 나왔어요

산길 옆 나무 밑에 싸 놓았다. 똥이 꼬여 있었다. 족제비가 쥐를 꼭꼭 씹어 먹어서 무슨 뼈인지 알아보기 어려운 뼛조각도 많았다. (실제 길이×2)

2005년 12월, 경기 고양 북한산

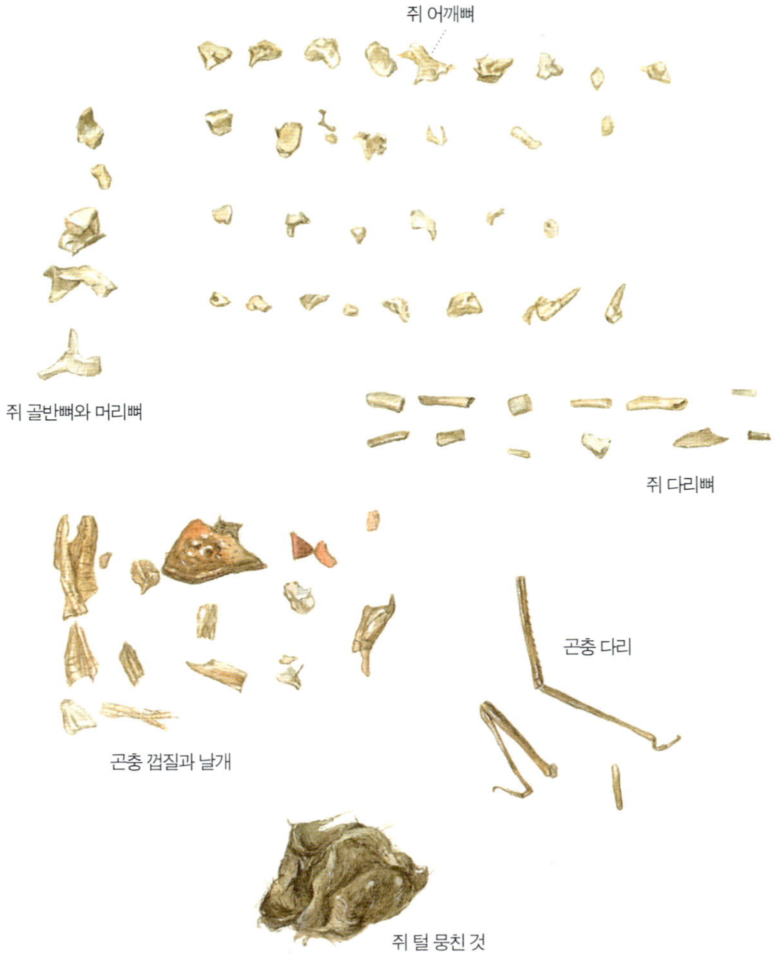

쥐 어깨뼈

쥐 골반뼈와 머리뼈

쥐 다리뼈

곤충 다리

곤충 껍질과 날개

쥐 털 뭉친 것

족제비가 먹은 자국

족제비는 쥐잡기 선수다. 뱀이나 개구리도 잘 잡아먹고 메뚜기나 여치 같은 곤충도 잡아먹는다. 또 헤엄을 잘 쳐서 물고기도 곧잘 잡아먹는다. 족제비 먹이 흔적은 찾아보기가 어렵다. 가끔 밤에 닭장을 찾아와서 닭을 조금 뜯어 먹고 남긴 흔적을 드물게 볼 수 있다. 족제비는 제가 필요한 것보다 먹잇감을 더 많이 사냥한다. 닭도 한 마리를 잡아서 다 먹기보다는 목을 물어서 부드러운 곳만 골라 먹고 만다. 그러고는 다른 닭을 사냥한다.

족제비가 집에서 기르는 닭을 물어 죽였다. 목을 물어서 먼저 숨통을 끊고, 피를 빨아 먹고 살을 조금 뜯어 먹었다.

2005년 11월, 서울 송파 마천동

| 밍크 |

분류 식육목 족제비과
학명 *Mustela vison*
먹이 물고기, 새, 개구리, 쥐, 뱀
수명 7~10년
몸길이 32~50cm **꼬리 길이** 15~20cm
몸무게 0.6~1.4kg

2005년 4월, 경기 과천 서울대공원 동물원

밍크는 족제비와 무척 가까운 동물이다. 밍크 털로 옷을 만들려고 다른 나라에서 들여와서 기르게 되었다. 지금 산에 사는 밍크는 모두 다 농장에서 기르던 것이 도망쳐 나와서 퍼진 것이다.

밍크는 물가에 있는 돌 틈이나 나무 구멍에서 산다. 헤엄을 잘 쳐서 물가에서 물고기를 많이 잡아먹는다. 뭍으로 올라와서 쥐나 개구리나 뱀도 잡아먹는다. 봄에 새끼를 2~8마리 낳는다. 새끼는 태어난 지 두 달이 지나면 헤엄을 칠 수 있고, 가을이면 다 자란다.

무산흰족제비  쇠족제비, 무산쇠족제비 *Mustela nivalis*

분류 식육목 족제비과
먹이 쥐, 새, 벌레
몸길이 15~17cm **꼬리 길이** 2.7~3.4cm
몸무게 30~130g
특징 겨울에 털색이 하얗게 바뀐다.

족제비와 달리 꼬리가 짧고 끝이 뾰족하다.
몸통이 가늘고 길며, 네 발도 짧고 작다.
겨울에 털색이 하얗게 바뀐다.

무산흰족제비는 '쇠족제비'라고도 한다. 족제비와 닮았는데 크기가 퍽 작다. 몸길이가 15cm밖에 안 되고, 식육목 짐승 가운데서도 가장 작다. 여름에는 털색이 회갈색이다가 겨울이면 새하얗게 바뀐다. 백두산 가까운 무산 지방에 많고 겨울에 털색이 하얗게 변한다고 '무산흰족제비'라는 이름이 붙었다.

산기슭 풀밭이나 돌무더기 속에서 산다. 마을 가까운 곳에 내려와 살기도 한다. 굴은 직접 파지 않고 쥐 굴을 빼앗아 쓰거나 나무 밑이나 돌 틈에서 산다. 보금자리에는 마른 풀이나 털을 깔아 놓는다.

무산흰족제비는 눈도 밝고 귀도 밝고 냄새도 잘 맡는다. 다리가 짧지만, 몸이 무척 날래고 유연하다. 쥐구멍 속까지 드나들면서 쥐를 잡아먹는데, 머리가 작고 허리가 가늘어서 쥐구멍에 쏙 들어간다. 무산흰족제비 한 마리가 한 해에 쥐를 2~3천 마리나 잡아먹는다. 새나 개구리도 잡아먹고 파리 같은 곤충도 먹는다.[28] 겨울에 먹으려고 먹이를 모아 두기도 한다. 한 해에 두 번 털갈이를 한다. 3~4월에 여름털로 바꾸고 10~11월에 겨울털로 바꾼다.

한 해에 두세 번 새끼를 친다. 보통 봄에 짝짓기를 하고 새끼를 3~10마리 낳는다. 새끼는 넉 달이면 다 자란다.

무산흰족제비 발자국

앞발과 뒷발 모두 발가락이 다섯 개다. 발톱이 날카롭다. 발자국이 무척 작아서 쥐 발자국처럼 보이기도 한다. 쥐와 달리 발바닥에 털이 많아서 발가락과 발바닥 못이 또렷하게 찍히지 않는다. 앞발 발자국이 뒷발 발자국보다 조금 작다.

발자국은 늘 곧게 이어진다. 겨울에는 눈 위보다 눈 밑으로 많이 다녀서 발자국이 눈 속으로 사라지는데, 꼭 동그란 구멍이 생긴다. 구멍 지름은 2~4cm이고 구멍 가장자리가 매끈하다. 몸이 가벼워서 발자국이 눈 위에 살짝 찍힌다.

앞발 발자국
1.5×1cm

뒷발 발자국
발목 못이 찍히기도 한다.
2~3×1~1.5cm

무산흰족제비가 눈 밑으로 다니다가 구멍을 뚫고 밖으로 나왔다. 워낙 몸이 작아서 눈이 15cm 넘게 쌓이면 두터운 눈 위로 다니는 것이 힘들기 때문에 눈 밑으로 더 많이 다닌다. 쥐구멍으로도 곧잘 들어간다. 쥐를 쫓을 때도 눈 밑으로 들어갔다 나왔다 하면서 눈구멍에서 이어진 발자국을 많이 남긴다.

2005년 2월, 경북 춘양 삼동산 고랭지 채소밭

발자국이 두 줄 나란히 나 있다. 오른쪽은 걸음 폭이 60cm이고 두 발을 모아 힘껏 뛰었다. 발에 힘이 많이 들어가서 발자국도 눈에 깊이 찍혀 있다. 왼쪽은 걸음 폭이 30cm인데, 힘이 덜 들어가서 발자국도 얕게 찍혔다. 한 마리가 낸 발자국인지 다른 두 마리가 낸 것인지 알 수 없다.

앞발 발자국
뒷발 발자국

2005년 2월, 경북 춘양 삼동산 고랭지 채소밭

눈에 찍힌 것으로 발자국이 또렷하지 않다.
쥐 발자국보다 1.5~2배 크다.
걸음 폭 6~8cm, 뛸 때 걸음 폭 20~60cm.

수달

수달피, 수피, 물개 *Lutra lutra*

분류 식육목 족제비과
먹이 물고기, 게, 새우, 개구리, 물새
수명 3~5년, 동물원에서는 15년 넘게 살기도 한다.
몸길이 70~80cm **꼬리 길이** 30~50cm
몸무게 7~10kg
특징 물에서 살고 발가락 사이에 물갈퀴가 있다.

머리가 작고 몸이 길고 미끈하다. 굵고 긴 꼬리는 끝으로 갈수록 가늘어진다. 발가락 사이에 물갈퀴가 있다. 매끄러운 갈색 털이 온몸에 빽빽하게 나 있다.

2003년 9월, 대전동물원

수달은 깊은 산부터 바닷가까지 물줄기를 따라서 산다.[29] 생김새가 물에서 살기 좋게 생겼다. 발에는 물갈퀴가 있고, 굵고 긴 꼬리는 헤엄칠 때 방향을 잡아 준다. 몸이 길고 미끈한 데다가 털은 물기가 잘 빠진다. 물에 흠뻑 젖어도 몸을 한 번 부르르 떨면 물기가 남김없이 털린다. 물속에서 장난치며 헤엄치고 노는 것을 좋아한다. 여름 한낮에 물살에 실려 떠내려오다가 사람을 보고 쏙 들어가기도 하고, 밤에 물에서 나왔다 들어갔다 하면서 논다. 밤에 보면 컴컴한 물에 수달 눈이 반짝반짝한다. 물속에서는 날래지만, 물 밖으로 나오면 다리가 짧아서 뒤뚱거린다.

수달은 날이 어두워지면 먹이를 잡으러 나온다. 물고기를 가장 많이 먹고 가재나 새우도 좋아한다. 물고기를 잡기 어려운 추운 겨울에는 물가 돌을 들춰서 겨울잠 자는 개구리를 잡아먹기도 한다. 그물에 걸린 물고기를 훔쳐 먹으려다가 제가 그물에 걸리기도 하고, 그물을 다 찢어 놓기도 한다. 물에 떠 있는 물오리도 잡아먹는다. 물속으로 자맥질하여 물오리 쪽으로 몰래 헤엄쳐 가서 물 밑으로 낚아챈 다음, 굴속이나 으슥한 바위틈으로 가져가서 먹는다.

수달은 물가 바위틈이나 나무 밑동에 있는 굴을 보금자리로 삼는다.[30] 혼자 살거나 식구가 모여 산다. 물속에서 짝짓기를 하고 두 달쯤 지나 새끼를 두 마리쯤 낳는다. 새끼는 열 달쯤 지나면 다 자라서 어미 곁을 떠난다. 수달 털이 부드럽고 따뜻해서 옛날에는 털을 얻으려고 수달을 많이 잡았다. 지금은 천연기념물로 정해서 보호하고 있다.

수달 발자국

수달 발자국은 냇가나 강가 모래밭에 찍혀 있다. 발가락은 다섯 개이고 발톱도 찍힌다. 발가락 다섯 개가 조금 벌어져서 찍힌다. 발가락 사이에 물갈퀴가 있는데, 발자국에는 잘 안 찍힌다. 발자국 모양은 동그랗고, 뒷발 발자국이 앞발 발자국보다 크다. 겨울에 눈이 많이 오면 발자국이 깊게 찍히고 배와 꼬리가 질질 끌린 자국이 남기도 한다.

수달은 물속에서는 더할 수 없이 날쌔지만 물 밖으로 나오면 잘 못 걷는다. 짧은 다리를 벌리고 엉금엉금 걷거나 네 발을 모아서 뛴다. 긴 꼬리도 땅에 끌린다. 걸을 때 앞발과 뒷발이 떨어져 놓이기도 하고 겹치기도 한다. 뛸 때는 뒷발 한 쌍이 앞발 앞에 가지런히 놓여서 네 발이 한 조를 이루기도 한다. 땅에 오래 나와 있지 않아서 발자국은 길게 이어지지 않고 물가에서 끝난다. 걸음 폭은 30cm 안팎인데, 뛸 때는 70cm를 넘기도 한다.

네 발이 한 줄로 나란히 찍혔다.
2004년 11월, 강원 양구 수입천 물가

앞발 발자국
6×5cm

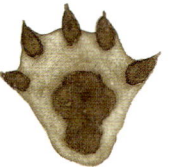

뒷발 발자국
7×6cm

뒷발 발자국

앞발 발자국

수달이 물가 젖은 모래밭에서 네 발을 모아 뛰었다. 멀리 뛴 다음 짧게 뛰고, 다시 멀리 뛴 다음 짧게 뛰고 했다.
멀리 뛴 걸음 폭 65cm.

2004년 11월, 강원 양구 수입천

수달 꼬리 끌린 자국

물가 마른 모래밭에 수달 꼬리가 끌린 자국이
나 있다. 길게 늘어진 S자 모양이다.
꼬리 자국 옆에 발자국도 보인다.

2004년 11월, 강원 양구 수입천

수달 똥

수달 똥은 찾기 쉽다. 제 땅임을 알리려고 눈에 잘 띄는 물가 바위에 누기 때문이다. 바위가 없고 모래밭만 길게 이어지면 모래를 발로 긁어 모아 볼록하게 쌓고 그 위에 도드라지게 똥을 싸 놓기도 한다.

수달 똥은 조금 묽은 덩어리 똥이다. 한쪽 끝은 뭉툭하고 다른 쪽 끝은 뾰족하다. 물기가 빠지면 물고기 뼈나 가시가 더 또렷하게 드러나서 무척 거칠어 보인다. 수달 똥에서는 비린내가 난다. 수달이 물고기를 잡아먹고 살기 때문이다. 비리지만 고약하지는 않다. 냄새를 맡아 보아 이런 특이한 비린내가 나면 틀림없이 수달 똥이다.

똥 색깔은 처음에는 검은색에 가까운 짙푸른 색이다가 차츰 희끄무레하게 바랜다. 똥에는 물고기 가시와 뼈, 눈알, 비늘 따위가 잔뜩 들어 있다.

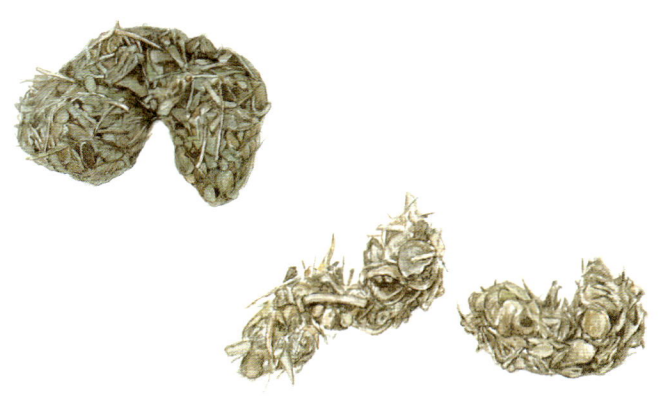

수달 똥. 물기가 빠져서 물고기 가시와 뼈가
삐죽삐죽 드러나 있다.
2004년 11월, 강원 양구 수입천

수달은 눈에 잘 띄는 바위 위에 똥을 눈다.
2004년 12월, 강원 양구 수입천 물가

새까맣고 끈끈한 물똥을 싸기도 한다.
2004년 11월, 강원 양양 턱골

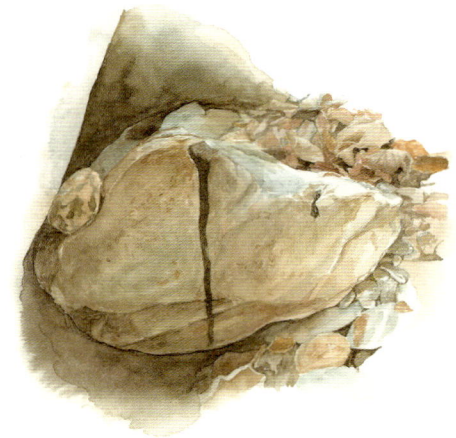

바위뿐만 아니라 모래 위에 똥을 누기도 한다. 모래를 볼록하게 쌓은 뒤 그 위에 보란 듯이 똥을 싸 놓았다.
2004년 12월, 강원 양구 수입천 물가

✱ 수달 똥에서 나왔어요

수달은 물고기 사냥꾼이라고 할 만큼 물고기를 많이 잡아먹는다.
그래서 수달 똥에서는 물고기 가시나 뼈나 비늘이 셀 수 없이 많이 나온다.

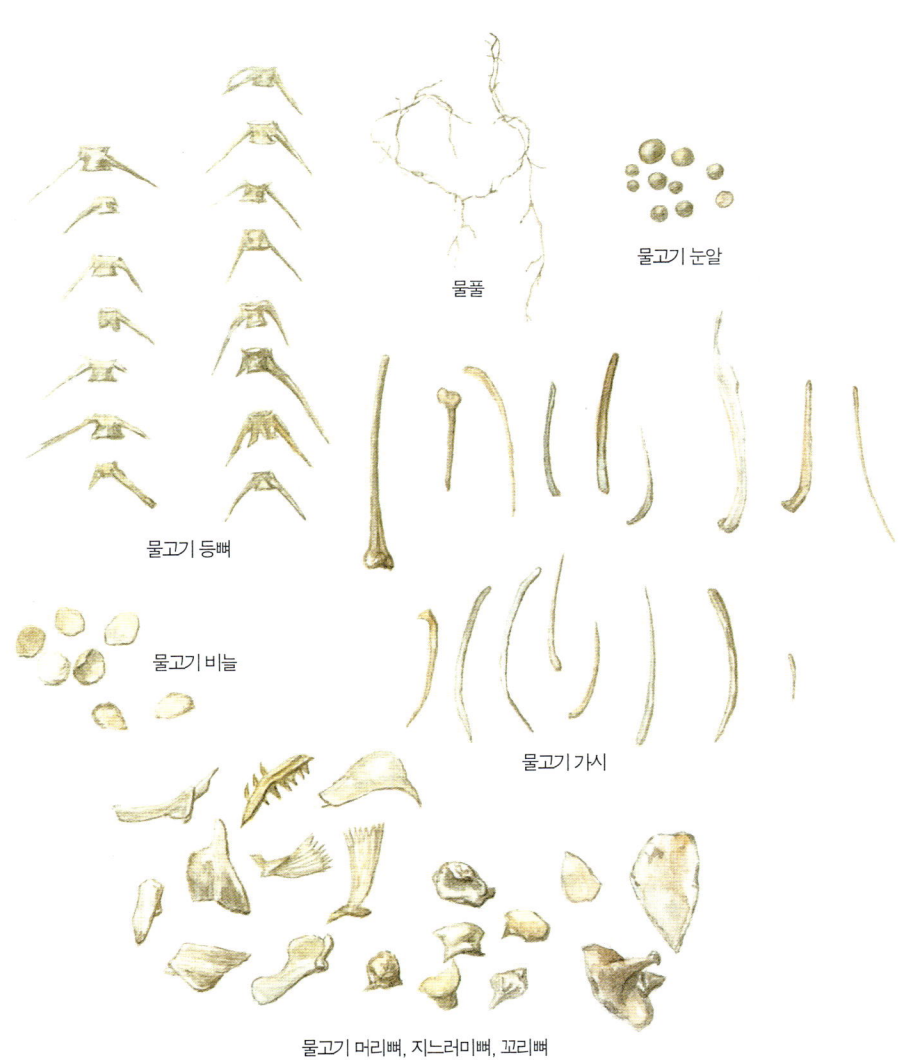

물풀

물고기 눈알

물고기 등뼈

물고기 비늘

물고기 가시

물고기 머리뼈, 지느러미뼈, 꼬리뼈

노란목도리담비  담비, 담부, 제담부 *Martes flavigula*

분류 식육목 족제비과
먹이 쥐, 다람쥐, 멧돼지 새끼, 새알, 산열매
수명 10년, 동물원에서는 14년까지 살기도 한다.
몸길이 60~67cm **꼬리 길이** 40~47cm
몸무게 3~4kg
특징 목 아래가 노랗다.

몸이 길고 날씬하다. 꼬리도 길다. 머리는 작고 세모꼴이다. 발톱이 굵고 날카롭다. 털색은 보통 흑갈색인데 철에 따라 다르다. 목 아래 앞가슴은 노랗고 아래턱은 희다.
2003년 11월, 경기 과천 서울대공원 동물원

노란목도리담비는 목 아래쪽이 노랗다고 이런 이름이 붙었다. 몸이 길고 날씬하며, 꼬리도 길다. 나무가 우거진 곳에서 사는데, 산기슭이나 물가에서 자주 보인다. 발톱이 날카롭고 휘어 있어서 나무를 잘 탄다. 땅에도 곧잘 내려와서 먹이를 잡는다. 눈이 좋고 귀도 밝고 움직임이 조심스럽다.

낮에 나와서 돌아다니는데, 쥐를 많이 잡아먹는다. 청설모나 다람쥐를 잡을 때는 나무를 타고 끝까지 쫓아가서 잡아먹는다. 멧토끼나 멧돼지 새끼도 잡아먹고, 새알도 훔쳐 먹고, 산열매와 꿀도 좋아한다. 끈질기고 성질이 사나워서 제 몸보다 큰 먹이를 멀리까지 쫓아가서 잡기도 한다. 큰 짐승은 두 마리가 함께 공격해서 잡는다.[31]

암수가 한번 만나면 여러 해 동안 헤어지지 않는다. 6~7월에 짝짓기를 하고 이듬해 5월에 새끼를 2~4마리 낳는다. 새끼 치는 것은 알려진 것이 별로 없다.

발자국
앞발과 뒷발 다 발가락이 다섯 개이고 발톱도 찍힌다. 앞발은 발가락이 벌어져 찍히고 뒷발은 엄지발가락을 뺀 나머지 네 발가락이 거의 붙어 있는 것처럼 찍힌다.

앞발 발자국   뒷발 발자국
6~8×5~6cm
걸음 폭 60~80cm, 뛸 때 걸음 폭 1m.

오소리 땅곰, 오수리, 오시리 *Meles meles*

분류 식육목 족제비과
먹이 쥐, 개구리, 뱀, 벌레, 산열매, 버섯, 콩, 옥수수
수명 6~12년, 동물원에서는 16년 넘게 살기도 한다.
몸길이 60~90cm **꼬리 길이** 15~20cm
몸무게 5~10kg
특징 굴파기 선수다.

검은 얼굴에 흰 줄 세 가닥이 뒤로 넓게 뻗어 있다. 눈과 귀가 작다. 털은 흑갈색 바탕에 흰 가루를 뿌려 놓은 듯하다. 다른 동물과 반대로 등 쪽이 옅고 배 쪽이 짙다.

2004년 10월, 경기 과천 서울대공원 동물원

오소리는 족제비과 동물 가운데 가장 크다. 몸이 통통하고, 다리가 굵고 짧다. 강원도에서는 '땅곰'이라고 한다. 검은 얼굴에 흰 줄 세 가닥이 뒤로 뻗어 있고, 다른 동물과 달리 등 쪽 색깔이 옅고 배 쪽 색깔이 짙다. 마을에서 그리 멀지 않은 산속에서 산다. 자기보다 큰 동물에게도 달려든다. 위험에 빠지면 사납게 덤비는데 한번 물면 놓지를 않는다. 죽은 시늉도 잘 한다.

낮에는 굴에서 자고 밤이면 먹이를 찾아서 돌아다니다가 새벽에 굴로 돌아온다. 오소리는 잡식성이다. 벌레를 좋아해서 굴을 팔 때 나오는 벌레뿐만 아니라 제 똥에 꼬이는 벌레도 보는 족족 잡아먹는다. 지렁이나 뱀이나 개구리도 잡아먹고 풀과 산열매도 잘 먹는다. 눈이 잘 안 보이는 대신 냄새를 잘 맡아서 뭐든지 냄새를 먼저 맡아 보고 먹는다. 날이 추워지면 겨울잠을 자는데, 따뜻한 날에는 굴 밖으로 나와서 물도 마시고 사냥도 한다.

오소리는 긴 주둥이와 앞발로 굴을 아주 잘 판다. 앞발 발톱이 유난히 굵고 길다. 산비탈에 굴을 파서 잠도 자고 새끼도 친다. 오소리 굴은 여러 마리가 함께 살아서 길고 복잡하다. 입구도 여러 개이고 방도 많다. 잠자는 방에는 마른 풀잎을 깐다. 깔끔한 것을 좋아해서 굴에 들어올 때는 몸과 발을 털고 들어온다. 똥 굴을 굴 밖에 따로 파서 똥을 꼭 그곳에 눈다.

10월쯤 짝짓기를 하고 이듬해 5월에 새끼를 2~8마리 낳는다. 새끼는 한 달쯤 지나면 눈을 뜨고, 얼마 지나지 않아서 걸어 다닌다. 두 달 반 동안 어미젖을 먹고, 어미가 잡아 온 고기도 먹는다. 가을부터 어미를 떠나 홀로 산다. 1년이면 다 자라고 세 살이 되면 새끼를 칠 수 있다.

오소리 발자국

오소리는 앞발과 뒷발 모두 발가락이 다섯 개이고, 앞발 발톱이 유난히 길고 크다. 발자국은 곰 앞발 발자국과 비슷하다. 발가락이 발바닥 못 바로 앞에 거의 한 줄로 놓이고 발바닥 못도 또렷하게 찍힌다. 뒷발 발자국이 앞발 발자국보다 조금 더 크게 찍힌다.

오소리는 몸이 무겁고 다리가 짧아서 빨리 뛰거나 높이 뛰어오르는 것은 잘 못한다.

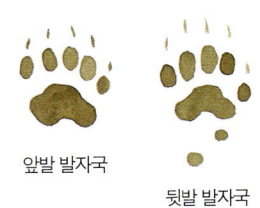

앞발 발자국

뒷발 발자국

6.5×5cm
걸음 폭 30~40cm

| 닮은꼴 발자국 |

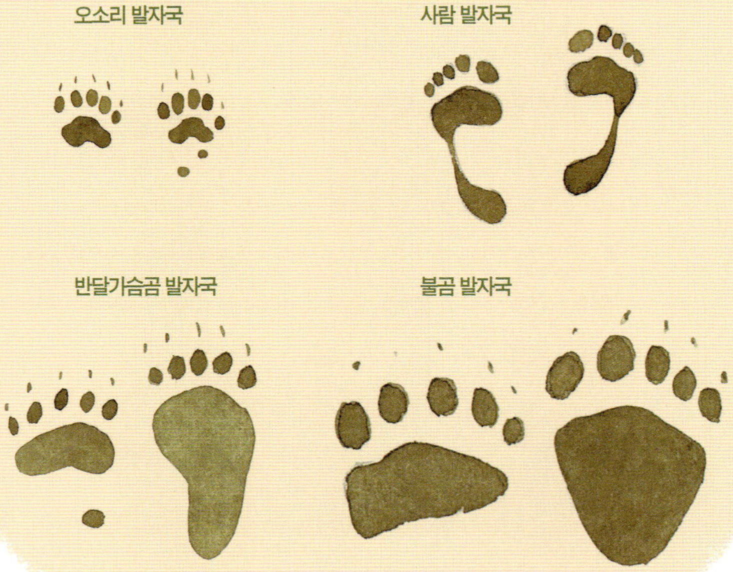

오소리 발자국

사람 발자국

반달가슴곰 발자국

불곰 발자국

똥

오소리 똥은 다른 족제비과 동물 똥과 달리 거의 꼬이지 않고 미끈한 원통같이 생겼고 굵다. 양 끝이 다 뭉툭하다. 오소리가 잡식성이다 보니 똥에서 온갖 것이 다 나온다. 풀과 곡식, 산열매, 벌레 껍질, 짐승 털과 뼈 따위가 고루 들어 있다. 똥은 지름 4cm, 길이 10cm를 넘는 것이 많다.

오소리는 깔끔해서 똥 굴이 따로 있다. 굴 옆에 10cm 깊이로 자그마한 구덩이를 따로 파서 변소로 쓴다. 똥을 일부러 흙으로 덮지는 않지만, 더러 묻어 놓기도 한다. 똥 굴에 똥이 가득 차면 그 옆에 새로 판다. 똥에 꼬이는 벌레를 좋아라 하고 잡아먹는다. 풀씨를 먹고 눈 오소리 똥은 걸쭉한 검은색 바탕에 노란 씨가 알알이 박혀서 딸기잼같이 보이기도 한다. 물똥을 싸기도 한다.

굴

오소리는 굴을 아주 잘 판다. 평생 굴을 파기 때문에 굴이 깊고 길며, 입구도 여러 개다. 방도 여러 개이고, 크고 작은 창고가 이어져 있다. 굴 밖에는 굴을 파면서 끌어낸 흙이 높이 50cm 넘게 수북이 쌓여 있을 때도 있다. 굴속에는 마른 풀을 두텁게 깔아 놓는데, 부지런한 오소리는 따뜻한 날을 골라 축축해진 깔개 풀을 내다 말리기도 한다. 오소리 굴은 늘 깨끗하고 냄새도 거의 안 난다. 너구리나 여우나 늑대가 오소리 굴을 빼앗아서 자기 굴로 쓰기도 한다.

삵
살쾡이, 살가지, 살개이, 살기 *Felis bengalensis*

분류 식육목 고양이과
먹이 쥐, 멧토끼, 고라니 새끼, 새, 벌레
수명 12년
몸길이 50~65cm **꼬리 길이** 23~27cm
몸무게 3~5kg
특징 고양이와 닮았다.

삵은 살쾡이라고도 한다. 고양이와 비슷하게 생겼는데, 더 크고 사납다. 산속 덤불숲에서 사는데, 숨을 만한 곳이 있으면 마을 가까이에도 곧잘 내려온다. 어두운 밤에 나와서 사냥을 한다. 쥐를 가장 많이 잡아먹는다. 멧토끼나 고라니 새끼나 꿩도 잡아먹고, 마을에 내려와서 닭을 물어 가기도 한다. 사냥 솜씨가 매우 좋다. 나무에도 잘 올라서, 위험을 느끼면 나무에 올라가 몸을 숨기기도 한다.

홀로 지내다가 짝짓기 철이 되면 암컷과 수컷이 쌍을 지어 다닌다. 덤불숲이나 나무통이나 돌 틈을 보금자리로 쓴다. 겨울에 짝짓기를 하고 봄에 새끼를 낳는다. 한 배에 2~4마리를 낳고, 수컷도 암컷을 도와 새끼를 함께 키운다. 갓 낳은 새끼는 몸길이가 한 뼘쯤 된다. 열흘쯤 지나면 눈을 뜨고, 1년 반이면 다 자란다.

요즘 산과 들에 고양이가 많이 살아서 발자국만 보고 삵인지 고양이인지 알기는 어렵다. 발자국이 똑같이 생겼다. 다만 똥을 눌 때 삵은 눈에 잘 띄는 곳에 누고 고양이는 똥을 눈 뒤에 흙으로 덮는다. 또 고양이는 물을 싫어하지만 삵은 헤엄도 곧잘 친다.

황갈색 바탕에 검은 점이 고루 있다. 이마에
흰 줄무늬가 두 개 또렷하게 나 있고
귀 뒤쪽에는 흰 점이 있다. 꼬리는 두껍고
무거워서 아래로 처진다.

2004년 9월, 경기 과천 서울대공원 동물원

삵 발자국

 삵 발자국은 동그랗다. 발가락이 네 개씩 찍히고 발톱은 찍히지 않는다. 삵이나 호랑이 같은 고양이과 동물은 모두 날카로운 발톱이 있지만, 걸을 때 발톱을 감추고 있어서 발자국에 발톱이 안 찍힌다. 앞발과 뒷발 발자국이 거의 같다.

 발자국은 한 줄로 쭉 이어진다. 걸을 때 앞발이 디딘 자리를 뒷발이 그대로 다시 밟거나 좀 더 앞쪽을 디딘다. 뛸 때는 네 발이 한 조를 이뤄서 뒷발 한 쌍이 앞발 한 쌍 앞에 놓인다. 삵 발자국은 고양이 발자국과 거의 똑같아서 가려내기가 어렵다. 집이나 마을 둘레에 찍힌 발자국은 고양이 것이기 쉽고, 마을과 꽤 떨어진 산자락이나 산속에 찍힌 것은 삵 발자국이기 쉽다. 요즘은 집 잃은 고양이들이 산에 살기도 해서 삵 발자국인지 고양이 발자국인지 헷갈릴 때가 많다.

삵이 눈밭을 뛰어갔다. 네 발이 모여 찍혀 있다.

2005년 1월, 충남 천수만 수로

눈밭에 찍힌 삵 발자국

4×4cm

발자국이 동그랗다.
발가락이 네 개이고 발톱은 안 찍힌다.

삵이 눈밭을 총총총 빨리 걸어갔다. 발자국이 한 줄로 쭉 이어져 있다. 걸음 폭 30cm.
2005년 1월, 강원 양구 원당리 산기슭

삵이 걸어간 자국

삵 똥

산길을 가다 보면 삵 똥을 쉽게 볼 수 있다. '내 땅이다.' 하고 알리려고 제가 잘 다니는 오솔길이나 툭 튀어나온 바위 같은 곳에 똥을 싸 놓기 때문이다.

삵 똥은 소시지처럼 생긴 길쭉한 덩어리 똥이다. 한쪽 끝은 뭉툭하고 다른 한쪽 끝은 뾰족하다. 서너 토막이 이어져 있는데, 긴 것은 길이가 15cm를 넘기도 한다. 긴 똥은 시간이 지나면서 서너 토막으로 끊어진다. 한 토막은 길이가 2cm쯤 된다.

삵은 쥐나 새를 많이 잡아먹는다. 그래서 삵 똥에는 털이나 이빨이나 뼈 같은 것이 많이 들어 있다.

이 똥도 구린내가 많이 났다. 눈 지 그리 오래되지 않았다.

2004년 11월, 강원 화천 민통선 구역 산

눈 지 얼마 안 되어 똥이 촉촉하고 찐득거린다. 색깔도 짙고 냄새도 고약하다.
10×2cm.

2004년 11월, 강원 양구 수입천 물가

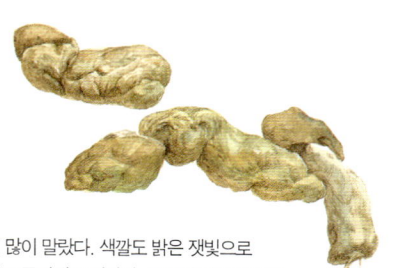

똥이 많이 말랐다. 색깔도 밝은 잿빛으로 바랬고 구린내도 덜하다. 그늘에 있어서 똥에 푸른 이끼까지 끼었다.

2005년 1월, 강원 양구 지석리 산

새를 잡아먹고 눈 똥이다. 시간이 지나면서 물기가 다 빠지고 새 털과 뼈만 남았다.

2005년 4월, 경기 파주출판단지

✱ 삵 똥에서 나왔어요

삵이 쥐를 잡아먹고 싼 똥에서 나온 것들이다. 뼈와 털과 이빨처럼 소화가 안 되는 것만 남았다. 곤충 다리도 나왔다. (실제 길이 ×2)

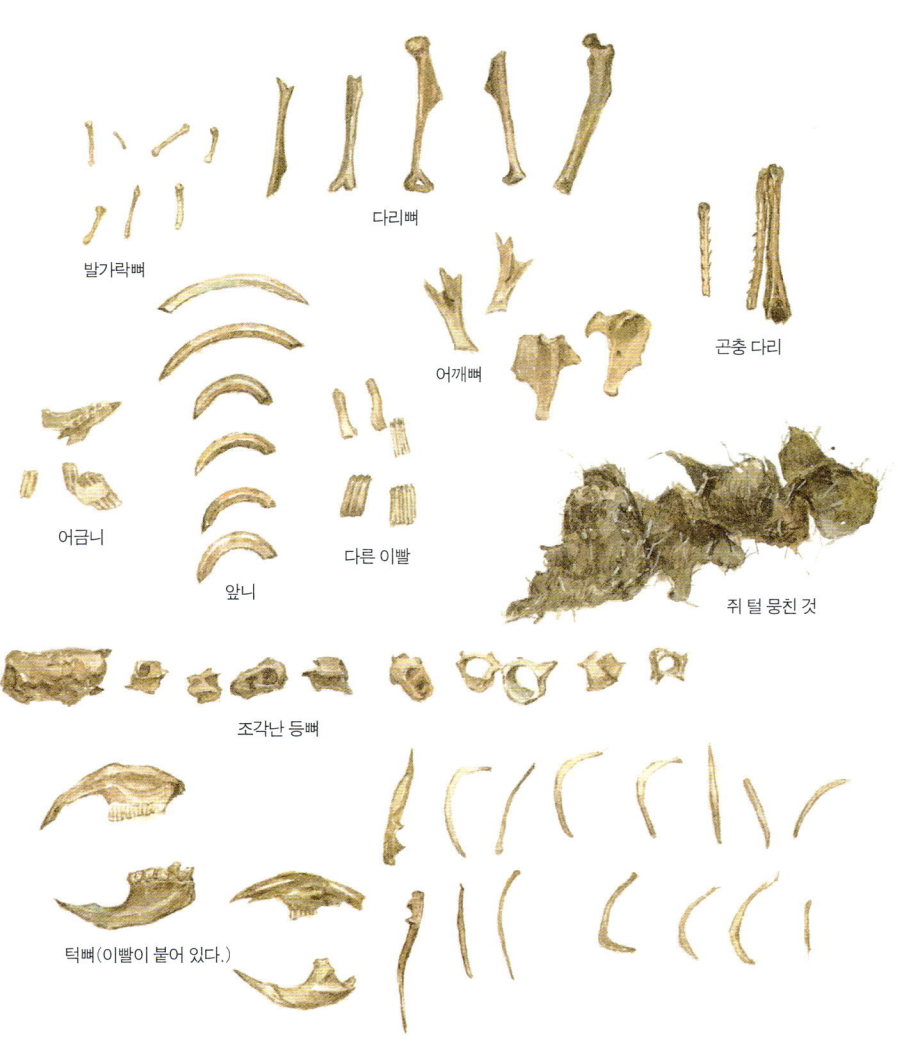

삵이 잡아먹은 흔적

삵은 쥐나 새를 많이 잡아먹는다. 쥐는 작아서 아무것도 남기지 않고 다 먹어 치운다. 가끔 마을 가까이 내려와서 닭이나 오리를 잡아먹는다. 들이나 산을 다니다 보면 삵이 잡아먹고 남긴 것으로 보이는 깃털이나 뼈 같은 것을 보게 된다.

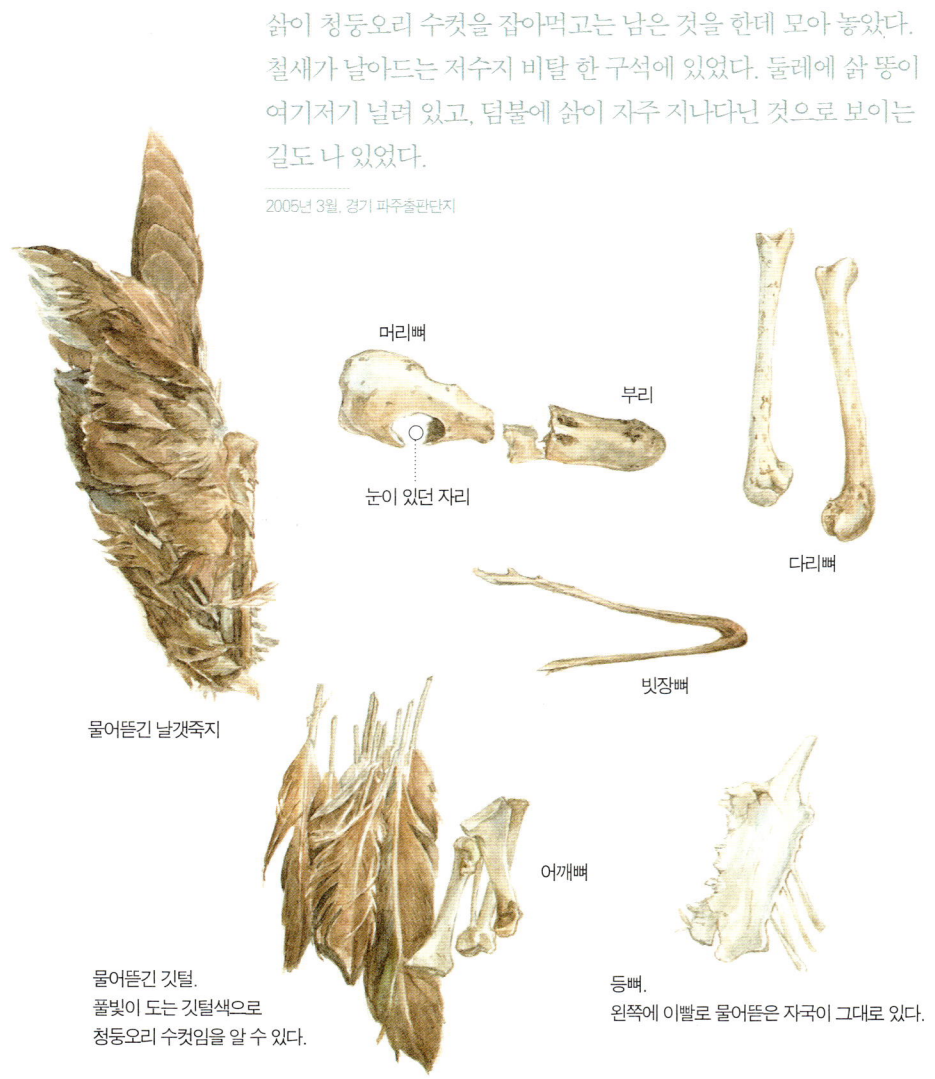

삵이 청둥오리 수컷을 잡아먹고는 남은 것을 한데 모아 놓았다. 철새가 날아드는 저수지 비탈 한 구석에 있었다. 둘레에 삵 똥이 여기저기 널려 있고, 덤불에 삵이 자주 지나다닌 것으로 보이는 길도 나 있었다.

2005년 3월, 경기 파주출판단지

머리뼈
부리
눈이 있던 자리
다리뼈
빗장뼈
물어뜯긴 날갯죽지
어깨뼈
물어뜯긴 깃털.
풀빛이 도는 깃털색으로
청둥오리 수컷임을 알 수 있다.
등뼈.
왼쪽에 이빨로 물어뜯은 자국이 그대로 있다.

삵이 다니는 길

삵이 자주 오르내려서 비탈에 길이 났다.
길 앞쪽에 똥도 싸 놓았다.

2005년 4월, 경기 파주출판단지

스라소니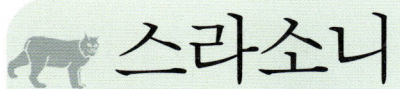
머저리범, 시라소니 *Felis lynx*

분류 식육목 고양이과
먹이 멧토끼, 노루, 고라니, 멧돼지, 새, 물고기
수명 15~20년
몸길이 1m 안팎
몸무게 18~30kg
특징 귀 끝에 까맣고 긴 털이 쫑긋 솟아 있다.

연한 갈색 바탕에 짙은 갈색 반점이 있다. 귀 끝에 까만 털이 곧추서 있다. 눈 둘레와 입 둘레는 흰색이고, 귀 가장자리와 뒤는 검다. 꼬리는 짧은데, 끝이 뭉툭하고 까맣다.
2004년 4월, 경기 과천 서울대공원 동물원

스라소니는 삵보다 훨씬 크고 호랑이보다는 훨씬 작다. 얼굴은 고양이처럼 생겼고 귀 끝에 검고 긴 털이 쫑긋 솟아 있다. 귀도 밝고 눈도 좋다. 나무를 가볍게 잘 타고 달리기도 잘한다. 겨울에는 발바닥에 긴 털이 덮여서, 발이 푹푹 빠지는 눈밭이나 얼음판에서도 사냥을 잘한다. 평안북도 자강도, 양강도, 백두산 고산 지대에서 많이 살았는데, 지금은 수가 많이 줄었다. 남녘에서는 살지 않는 것 같다.

스라소니는 무리를 짓지 않고 혼자 산다. 낮에는 바위틈이나 나무통에 들어가 쉬고, 밤에 나와서 사냥을 한다. 나무 위에서 조용히 길목을 지키고 있다가 먹잇감을 발견하면 덮쳐서 잡아먹는다. 멧토끼를 가장 많이 잡아먹기 때문에 산에 멧토끼가 줄어들면 스라소니가 줄어든다. 덩치는 크지만 큰 먹이를 사냥하지 않고 한 번에 먹는 양도 별로 많지 않다. 노루, 고라니, 멧돼지 새끼 같은 짐승을 잡아먹고 새나 물고기도 잡아먹는다.[32]

보통 때는 조용한데 짝짓기 철에는 수컷 울음소리를 들을 수 있다. 새끼는 한두 해에 한 번 낳는다. 2~3월에 짝을 짓고 5월 말쯤 새끼를 두세 마리 낳는다. 새끼는 한 달이면 어미를 따라다니고, 젖은 여섯 달 동안 먹는다. 새끼는 어미와 겨울을 같이 지내고 이듬해 헤어진다. 2~3년이면 다 자란다.

발자국

고양이 발자국과 비슷한데 좀 더 크다. 앞발과 뒷발 모두 발가락이 네 개씩 찍히고, 발톱은 안 찍힌다. 뒷발 발자국이 더 크다. 가운데 두 발가락은 서로 모이고, 양옆 두 발가락은 조금 벌어져서 찍힌다. 발바닥 못은 볼록한 산 모양이다.

앞발 발자국 6.5×5.5cm
걸음 폭 80cm
뛸 때 걸음 폭 100~150cm
멀리 뛸 때 걸음 폭 7m

표범
얼룩호래이, 돈점배기, 포범, 측범 *Panthera pardus*

분류 식육목 고양이과
먹이 사슴, 고라니, 멧돼지, 멧토끼, 족제비, 쥐
수명 15년, 동물원에서는 23년까지 살기도 한다.
몸길이 100~120cm **꼬리 길이** 70~80cm
몸무게 30~60kg (수컷은 37~90kg)
특징 온몸에 동글동글한 검은 무늬가 있다.

누런색 바탕에 엽전 모양의 검은 무늬가 또렷하게 나 있다. 허리가 가늘고 날씬하며 꼬리도 길다. 얼굴에 흰 수염이 여러 가닥 나 있다. 눈동자는 누런색인데 밤에는 불꽃이 튀듯 번쩍인다.
2003년 9월, 대전동물원

표범은 호랑이보다 작다. 온몸에 동글동글한 엽전 모양의 검은 무늬가 또렷하게 나 있다. 혼자 다니는데, 낮에는 나무 위나 바위틈에서 자고 해 질 녘이나 새벽에 먹이를 찾아다닌다. 자주 다니는 길에는 오줌을 눠서 제 땅이라는 표시를 한다. 눈도 밝고 귀도 밝고 냄새도 잘 맡는다. 울음소리는 호랑이만큼 우렁차지 못하다.

먹이를 찾아서 슬슬 걷다가 먹잇감을 발견하면 순식간에 달려가서 잡는다. 나무 위에 있다가 아래로 뛰어내리면서 먹잇감을 덮치기도 하고, 풀숲에 숨어 있다가 뛰어오르면서 잡기도 한다. 사슴, 노루, 고라니, 멧돼지 같은 덩치 큰 동물을 주로 먹는데, 먹을 것이 없으면 멧토끼나 족제비나 쥐도 잡아먹고 집짐승을 공격하기도 한다. 힘이 아주 세서 제 몸보다 큰 동물도 입으로 물어서 나무 위로 끌어올릴 수 있다. 먹고 남으면 나뭇가지에 걸쳐 두었다가 나중에 먹는다. 예전에는 북녘 묘향산이나 남녘 지리산같이 깊고 큰 산에 살았지만 지금은 거의 사라져서 멸종 위기에 놓여 있다.

두 해에 한 번 새끼를 친다. 겨울에 짝짓기를 하고 봄에 두세 마리 새끼를 낳는다. 새끼는 석 달 동안 젖을 먹고, 1년 반이나 2년 뒤에 어미를 떠나 혼자 살아간다. 3년이면 다 자란다.

발자국

앞발과 뒷발 다 발가락이 네 개씩 찍힌다. 날카로운 발톱이 있지만 발자국에는 안 찍힌다. 네 발가락 크기가 비슷하고 발바닥 못 아래쪽은 가운데가 깊이 파인다. 앞발과 뒷발 크기가 비슷하다.[33]

9×7cm
걸음 폭 60cm
뛰어오를 때 걸음 폭 6m

호랑이

범, 호랭이, 호래이 *Panthera tigris*

분류 식육목 고양이과
먹이 누렁이, 멧돼지, 노루, 고라니
수명 25년
몸길이 160~290cm **꼬리 길이** 90cm
몸무게 250~300kg
특징 우리나라에서 가장 힘세고 사나운 맹수다.

온몸에 까만 줄무늬가 머리에서 꼬리 끝까지 나 있다. 목덜미는 굵고 허리는 날씬하고 네 다리는 튼튼하다. 앞다리가 뒷다리보다 더 굵고 힘이 세다. 앞다리 앞쪽에는 줄무늬가 거의 없다. 긴 꼬리에 고리 무늬가 8~9개 있다. 밤에는 눈동자에서 파란 불꽃이 번쩍인다.

2004년 5월, 경기 포천 국립수목원 산림동물원

호랑이는 우리나라에서 가장 힘세고 사나운 맹수다. '범'이라고도 한다. 황금색 바탕에 까만 줄무늬가 온몸에 나 있다. 이마에 있는 줄무늬는 임금 왕(王) 자 같다. 한번 '따웅' 하고 울면 온 산이 흔들리면서 간담을 서늘하게 한다. 마을에서 멀리 떨어진 깊고 큰 산에 산다. 나무가 많고 먹잇감도 넉넉하고 마시고 목욕할 물이 가까이 있는 곳이라야 호랑이가 살 수 있다.[34]

호랑이는 혼자 지낸다. 밤에 멧돼지나 누렁이, 노루, 고라니 같은 큰 짐승을 잡아먹는다. 숨어 있다가 갑자기 덤벼들기도 하고, 짐승 뒤를 살금살금 뒤따르다 덮치기도 한다. 목이나 잔등을 물거나 힘센 앞발로 먹잇감을 후려쳐서 넘어뜨린다. 잡은 먹이는 편안한 곳에 끌고 가서 천천히 뜯어 먹고, 먹은 뒤에는 꼭 물을 마시고 피 묻은 주둥이를 깨끗이 씻는다. 한 해에 멧돼지를 서른 마리쯤 잡아먹는다. 쉬지 않고 걷고 뛰고 달려서 상처가 나지 않은 발이 없을 정도다. 조선 시대에는 서울 경복궁까지 호랑이가 드나들 정도로 수가 많았다. 지금은 남녘에서는 사라진 지 오래되었고 북녘에서도 함경 북도와 자강도에 5~10마리만 살아남아 있다.

짝짓기 철인 1~3월에 수컷이 큰 울음소리를 내면서 짝을 찾는다. 일주일 동안 암컷과 수컷이 함께 다니면서 짝짓기를 하고 헤어진다. 5월에 새끼를 1~5마리 낳는다. 어미는 여섯 달 동안 새끼한테 젖을 먹이고, 2~3년 동안 키운다. 데리고 다니면서 사냥도 가르친다.

발자국

발자국이 크고 동그랗다. 앞발과 뒷발에 발가락이 네 개씩 찍히고, 발톱 자국은 없다. 발바닥 못은 세모꼴이다. 뒷발보다 앞발이 훨씬 크다. 또 수컷 발자국이 암컷보다 훨씬 크다.[35]

앞발 발자국 15×15cm
걸음 폭 55~75cm
빨리 걸을 때 걸음 폭 80~100cm

멧돼지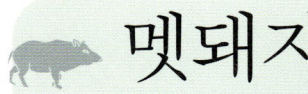
산돼지, 멧대지, 멧도야지, 멧돗 *Sus scrofa*

분류 소목 멧돼지과
먹이 도토리, 나무뿌리, 옥수수, 감자, 쥐, 지렁이, 뱀, 벌레
수명 10년, 동물원에서는 27년까지 살기도 한다.
몸길이 100~150cm **꼬리 길이** 10~23cm
몸무게 120~250kg
특징 힘이 세고 이것저것 잘 먹는다.

멧돼지는 돼지와 비슷한데 몸집이 더 크고 힘이 무척 세다. 머리가 커서 몸길이의 3분의 1을 차지한다. 수컷은 긴 송곳니가 입 밖으로 삐죽 나와 있다. 목이 굵고 짧아서 머리를 잘 돌리지 못한다. 귀도 밝고 냄새도 잘 맡지만 눈은 썩 좋지 않다. 성질이 사나워서 성이 나면 사람에게도 달려든다.

참나무 숲이나 우거진 덤불숲에서 산다. 수컷은 짝짓기 때가 아니면 혼자 살고, 암컷과 새끼들은 함께 다닌다. 한곳에만 머무르지 않고 먹이를 찾아 여기저기 돌아다닌다.[36] 도토리, 나무뿌리, 고사리, 풀, 버섯, 열매 같은 식물을 주로 먹고, 쥐나 지렁이, 벌레, 뱀 따위도 가리지 않고 먹는 잡식성이다. 산에 먹을 것이 없으면 산비탈에 있는 옥수수밭, 감자밭, 배추밭에 내려와 밭을 엉망으로 만들어 놓기도 한다. 힘센 주둥이와 송곳니로 땅을 파헤치면서 먹기 때문에 남아나는 것이 없다.

날이 추워져도 겨울잠을 안 자고 먹이를 찾아다닌다. 추위를 잘 견딘다. 더운 것은 못 참아서 한여름에는 서늘한 골짜기를 찾아 진흙 목욕을 한다.[37] 얼굴이나 잔등이 가려우면 나무에 대고 비벼 댄다.

겨울에 짝짓기를 하고 봄에 새끼를 4~6마리 낳는다. 새끼는 태어난 지 일주일이면 어미를 따라다니고, 2~3주가 지나면 주둥이로 땅을 파서 먹이를 찾아 먹는다. 젖은 두세 달 동안 먹는데, 젖을 떼고 나서도 두세 살까지 어미와 함께 살기도 한다. 멧돼지 새끼는 등에 줄무늬가 있다.

머리가 크고 주둥이가 길다. 수컷은 날카로운
송곳니가 위로 솟아 있다. 다리가 짧은데
집돼지보다는 길다. 털은 뻣뻣하고 억세며
색깔은 검거나 잿빛이거나 누런색이다.

2004년 7월, 경기 양평 멧돼지 농장

멧돼지 발자국

멧돼지는 덩치가 크고 몸무게도 많이 나가서 발자국이 엄청 크고 깊게 파인다. 고라니나 노루 발자국과 비슷하게 생겼는데, 워낙 커서 가려내기 쉽다.[58]

멧돼지는 고라니나 산양처럼 발굽으로 걷는다. 큰 발굽 뒤에 작은 발굽이 늘 찍히는데, 한참 뒤에 떨어져서 찍히고 양쪽 밖으로 뻗어나가듯 찍힌다.

멧돼지는 보통 걸어 다닌다. 힘이 세서 무엇에 쫓길 까닭이 없고 겁나는 게 별로 없으니까 달리지 않고 여유롭게 걷는다. 걸을 때는 뒷발이 정확히 앞발 위에 겹치거나 조금 뒤에 찍힌다. 발자국 방향은 중앙선을 기준으로 할 때 밖으로 향한다. 뛸 때는 네 발이 제각기 찍히고, 발굽도 걸을 때보다 훨씬 더 벌어진다. 걸음폭은 40cm 안팎이고 펄쩍 뛸 때는 1m를 훨씬 넘기도 한다. 멧돼지는 발을 높게 들지 않고 걷기 때문에 두텁게 쌓인 눈에서는 지나간 자리가 넓은 고랑을 이룬다.

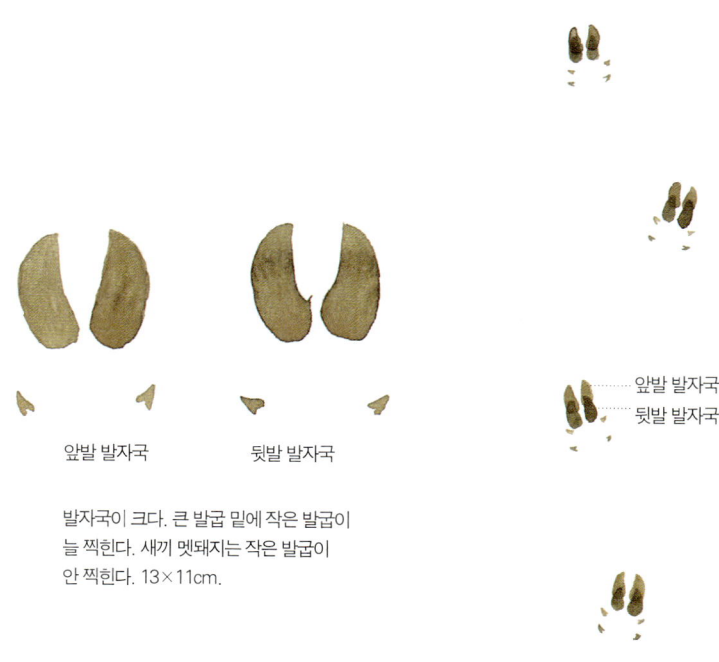

앞발 발자국   뒷발 발자국

발자국이 크다. 큰 발굽 밑에 작은 발굽이 늘 찍힌다. 새끼 멧돼지는 작은 발굽이 안 찍힌다. 13×11cm.

앞발 발자국
뒷발 발자국

멧돼지가 걸어간 자국.
앞발 위에 뒷발이 겹쳐 찍힌다.

질척한 진흙땅 위를 멧돼지가 걸어갔다.
발자국이 커서 한눈에 멧돼지 발자국이라는
것을 알 수 있다.
덩치가 커서 발자국도 깊이 찍혀 있다.
2004년 11월, 강원 화천 민통선 구역 물가

멧돼지 똥

멧돼지는 똥을 무더기로 눈다. 소시지처럼 생긴 똥은 잘록잘록 작은 덩어리로 갈라진다. 똥이 아래위로 서로 눌러서 오목하게 들어간 자리가 생기기도 한다. 똥 크기는 지름이 3~4cm, 길이가 5~10cm로 때마다 다르다. 묽은 똥도 싼다.

똥 색깔도 먹은 것에 따라 다른데, 보통 검은 풀색이거나 갈색이다. 똥을 한번에 많이 눠서 잘 안 마르다 보니 허연 곰팡이가 피기도 한다. 똥 속에는 풀 부스러기가 많이 들어 있는데, 통째로 씹은 도토리나 가래 껍데기, 벌레 껍질, 옥수수 같은 곡식 씨앗이 보이기도 한다. 마을 가까이 내려와 음식 쓰레기 더미를 뒤지기도 해서 똥에 고무줄이나 고무장갑 조각이 섞여 있기도 한다.

똥 알이 밤알만 하다. 가랑잎에 가려 햇빛을 못 받아서 허연 곰팡이가 피었다.
2004년 11월, 강원 화천 민통선 참나무 숲

눈 지 얼마 안 된 새끼 멧돼지 똥이다. 간밤에 얼었다가 햇볕에 녹아서 구린내가 많이 났다. 멧돼지가 산비탈을 올라가면서 이런 똥 덩어리를 군데군데 흘려 놓았다. 똥 둘레에 새끼 멧돼지 것으로 보이는 발자국이 찍혀 있었다. 똥 길이 7cm.
2005년 1월, 강원 양구 원당리 산비탈

눈 지 오래되어 똥 색이 바랬다. 벼를 먹었는지 똥 겉에 벼 낟알 껍질이 붙어 있다. 멧돼지 똥이라도 오래되어 잘 마른 것은 냄새가 거의 안 난다. 똥 길이 5cm.
2005년 1월, 강원 양구 지석리 산

✱ 멧돼지 똥에서 나왔어요

멧돼지는 땅바닥을 헤집어서 이것저것 닥치는 대로 주워 먹는다. 흙도 같이 먹어서 똥에 흙 알갱이가 섞여 나오기도 한다.

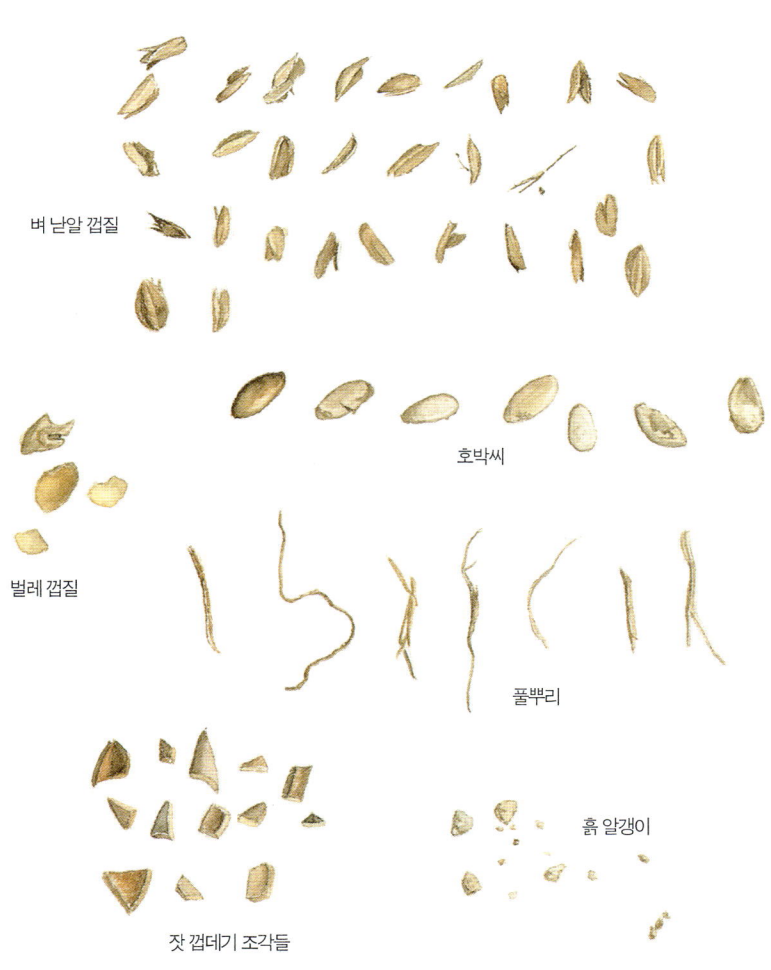

벼 낟알 껍질

호박씨

벌레 껍질

풀뿌리

흙 알갱이

잣 껍데기 조각들

멧돼지 오줌 자국

멧돼지가 논에 있는 짚단 옆에서 오줌을 눴다. 흰 눈 위에 오줌 자국이 누렇다. 오줌발이 흩어진 것으로 보아 암컷인 것 같다. 발자국도 찍혀 있다.

2005년 1월, 강원 양구 원당리 논

멧돼지가 뒤진 자리

멧돼지는 먹을 것을 찾으려고 힘센 주둥이로 땅바닥을 곧잘 뒤지고 다닌다. 가랑잎이 두툼하게 쌓인 바닥을 흙바닥이 나올 때까지 파헤친다. 도토리 같은 열매와 온갖 벌레를 주워 먹고, 나무와 풀 뿌리도 닥치는 대로 파먹는다. 쥐나 새, 너구리나 고라니도 가랑잎 더미를 뒤지지만, 뒤진 자리가 훨씬 작다. 또 멧돼지와 달리 땅은 파헤치지 않는다.

2004년 11월, 강원 화천 민통선 구역 산속

멧돼지가 등을 비빈 자국

멧돼지는 얼굴이나 목이나 잔등이 가려우면 나무에 대고 마구 비빈다. 제 땅임을 알리는 표시이기도 하다. 멧돼지가 자주 다니는 오솔길 둘레에서 이런 비빈 자리를 볼 수 있다. 곰처럼 뒷발로 서서 온 잔등을 비비는 것이 아니라 네 발로 서서 옆구리를 비빈다. 멧돼지가 등을 비벼 댄 나무줄기는 닳아서 색이 바래 있다.

멧돼지가 비빈 자리를 잘 살펴보면 나무껍질 틈에 털이 끼어 있기도 하다. 멧돼지 털은 털 끝이 서너 갈래로 갈라진다.

멧돼지가 참나무에 등을 비볐다.
비빈 자리가 닳아서 색이 바랬고
반질반질하다.
땅에서 30cm밖에 안 되는 높이다.
비빈 자리도 그리 넓지 않아서 길이가
30cm, 너비는 20cm쯤 된다.
멧돼지 털이 나무껍질 틈에 끼어 있었다.
2004년 11월, 강원 화천 민통선 구역 산속

끝이 서너 갈래로 갈라진 멧돼지 털

멧돼지 올무

길이 200m쯤 되는 능선에 사람들이 올무를
세 군데나 놓았다. 멧돼지 올무라서
둥근 테가 크다.

2005년 1월, 강원 양구 지석리 산

고라니

복작노루, 보노루, 고라이, 고래이, 고랭 *Hydropotes inermis*

분류 소목 사슴과
먹이 풀, 나뭇잎, 산열매, 채소
수명 6년, 동물원에서는 13년까지 살기도 한다.
몸길이 80~120cm **꼬리 길이** 4~7cm
몸무게 15~20kg

노루보다 작다. 목이 길고 몸은 날씬하며
네 다리도 길고 가늘다. 꼬리는 짧다.
노루와 달리 엉덩이에 흰 반점이 없고,
수컷은 송곳니가 입 밖으로 길게 나와 있다.
털은 붉은빛이 도는 갈색이다.
2002년 9월, 경기 양주 야생동물구조센터

고라니는 흔한 짐승이다. 우리나라 고유종으로, 세계에서 고라니가 가장 많은 곳이 우리나라다. 노루와 닮았는데 몸집이 좀 작다. 엉덩이에 커다란 흰 점이 있으면 노루고, 없으면 고라니다. 고라니는 암수 모두 뿔이 없고, 수컷만 송곳니가 입 밖으로 길게 나와 있다. 산기슭이나 풀이 우거진 들, 물가 갈대밭에서 산다. 물을 좋아해서 산골짜기나 물가를 찾아와서 하루에 두세 번씩 꼭 물을 마신다. 헤엄도 잘 친다. 물을 좋아한다고 다른 나라에서는 '물사슴'이라고 한다. 그렇지만 물이 고인 곳은 싫어해서 장마철에는 산으로 올라간다.

고라니는 철에 따라 사는 곳을 옮겨 다닌다. 여름에는 골짜기와 숲에서 더위를 피하다가 겨울에는 눈과 바람이 적은 산기슭을 찾는다. 보드라운 풀과 나뭇잎과 연한 나뭇가지, 열매, 풀뿌리 따위를 즐겨 먹는다. 헤엄을 치고 다니면서 연잎 같은 물풀을 건져 먹기도 한다. 늦가을에는 논에 내려와서 벼 이삭을 훑어 먹고 겨울에는 보리 싹을 잘라 먹기도 한다. 해 질 무렵부터 나와서 먹이를 먹는데, 안전하다 싶으면 낮에도 나온다. 겁이 많아서 조그만 기척에도 잘 놀라고 잽싸게 달아난다.

혼자 살다가 짝짓기 철이 되면 수컷 한 마리와 암컷 2~6마리가 무리를 지어 다닌다. 겨울에 짝짓기를 하고 이듬해 봄에 새끼를 2~6마리 낳는다. 어미는 새끼를 낳을 때 천적한테 들키지 않으려고 풀밭에 앉은 채로 낳는다. 새끼는 어미가 축축한 털만 핥아 주면 바로 일어설 수 있다. 한두 시간이면 걷고 이삼일 지나면 달린다. 새끼는 갈색 바탕에 흰 점이 있다.

고라니 발자국

고라니 발자국은 산과 들에서 흔하게 볼 수 있다. 고라니는 발굽으로 걷는다. 발굽 두 개가 서로 대칭을 이루는데, 발굽 하나는 반달 모양이고 끝은 뾰족하다. 앞발굽은 많이 벌어지고, 때로는 작은 발굽이 점 모양으로 찍힌다. 뒷발은 작은 발굽이 찍히지 않는다.

걸을 때 뒷발이 앞발 자리에 놓이거나 조금 뒤에 놓인다. 장난치며 이리저리 뛰어다니는 것을 좋아해서 발자국 방향이 자주 바뀌기도 한다. 빨리 뛸 때는 걸음 폭이 1m를 훨씬 넘어 5~6m까지 뛰기도 한다.

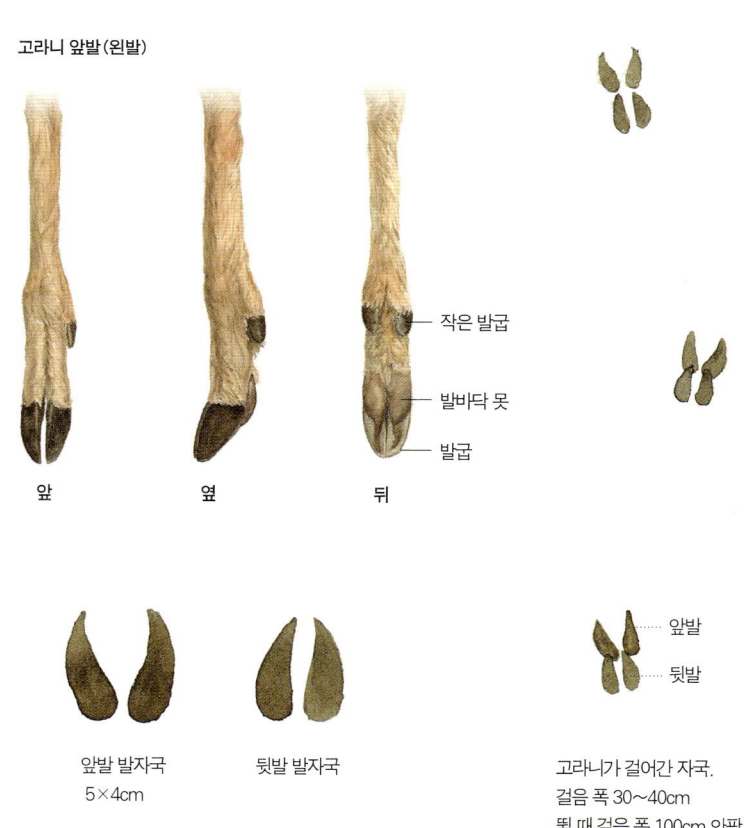

고라니가 뛰어갔다. 달릴 때는 앞발 발자국에 작은 발굽이 또렷하게 찍힌다.

새끼 고라니가 걸어간 발자국이다. 발자국 크기가 퍽 작다. 뒷발이 앞발과 겹치지 않고 조금 뒤에 놓였다.

2004년 10월, 경기 안산 시화호 갈대밭

앞발 발자국. 발굽이 60도쯤 벌어졌다. 앞발굽은 늘 많이 벌어진다. 작은 발굽도 점 모양으로 찍혔다.

고라니 똥

고라니 똥은 알 똥이다. 노루 똥이나 산양 똥과 비슷하게 생겼고, 지름이 6~9mm로 무척 작다. 동그랗거나 조금 길쭉하다. 까만색인데 먹이에 따라 갈색을 띠는 것도 있다. 똥 한쪽 끝은 뾰족한 꼭지가 톡 튀어나와 있고 다른 쪽 끝은 동그랗거나 옴폭 파인다. 보통은 한곳에 작은 무더기로 쌓여 있지만, 고라니는 달리면서도 똥을 싸기 때문에 띄엄띄엄 몇 알씩 흩어져 있기도 한다. 여름에는 알 똥 여러 개가 뭉쳐진 덩어리 똥을 싸기도 한다.

고라니는 풀 같은 식물만 먹기 때문에 똥이 깨끗하고 냄새도 안 난다. 되새김질한 뒤 눈 똥이라 똥을 깨 보면 부드러운 풀 찌꺼기가 많다. 노루 똥과 비슷해서 헷갈릴 수 있다. 노루 똥 중에도 작은 것은 고라니 똥과 똑같이 생겼다.[39]

한쪽 끝은 뾰족하게 꼭지가 튀어나왔고 다른 한쪽 끝은 살짝 눌린 듯이 안쪽으로 파였다.
2004년 11월, 강원 양구 수입천 산자락

2005년 4월, 강원 양구 수입천 산자락

이렇게 큼직한 덩어리 똥을 싸기도 한다.
작은 알 똥들이 뭉쳐서 나온 것이다.
7×2cm.

2005년 4월, 경기 안산 시화호 갈대밭

2004년 10월, 경기 안산 시화호 갈대밭

고라니가 먹은 자국

고라니 발자국을 따라가면서 덤불숲이나 어린 나무 숲 가장자리를 잘 살피면 고라니가 어린 나뭇가지를 뜯어 먹은 자국을 볼 수 있다. 뜯어 먹은 자국이 쭉 이어져 있지 않고 여기저기서 조금씩 뜯은 것이 특징이다. 고라니는 위턱에 이가 없어서 뜯긴 가지 끝이 매끈하지 않고 지저분하다.

겨울에 배추밭이나 무밭에 가도 고라니가 먹은 자국을 볼 수 있다. 배추나 무를 통째로 다 먹지 않고, 가장 연한 부분만 골라 한두 입 뜯어 먹고 만다. 배추 잎사귀를 뜯어 먹은 자리도 깔끔하게 끊어지지 않고 실오라기처럼 생긴 것이 길게 남아 있다.

추운 겨울을 나려고 땅에 납작하게 붙어서
자라는 달맞이꽃 잎을 고라니가 뜯어 먹었다.
2004년 11월, 강원 양구 수입천 논둑길

고라니 털갈이

고라니는 봄과 가을에 두 차례 털갈이를 한다.
이 고라니는 봄 털갈이를 2월에 했다.
좀 이른 편이다. 나무 둘레에 털이 뭉텅뭉텅 떨어져 있었다.

2005년 2월, 강원 양구 지석리 산속

털갈이한 털이다. 겨울털은 굵은 데다 속이
비어 공기를 품고 있어서 따뜻하다. 추운
겨울을 나기에 좋다. 털이 물결 모양으로
구불구불하고 부드럽고 똑똑 잘 끊어진다.
여름털은 가늘고 질기다.

고라니 잠자리

고라니 발자국이 있는 갈대밭이나 풀숲을 살펴보면 고라니가 잠자고 간 자리도 찾을 수 있다. 잠자리는 바닥에 풀이 가지런히 눌려 있다. 새끼를 칠 무렵에는 새끼 고라니 잠자리가 어미 잠자리 가까이에 조그마하게 따로 있다. 잠자리 바닥 크기로 어미 자리인지 새끼 자리인지 가려낸다.

겨울에는 고라니가 산속으로 옮겨 가서 산다. 눈에 찍힌 고라니 발자국을 따라가 보면 앞이 훤히 트인 산비탈 오목한 곳이나 낮은 산 능선에 고라니가 쉬고 간 자리가 있다. 고라니가 잠을 자고 간 자리는 언제나 눈이 깨끗이 파헤쳐져 흙이 드러나 있는 것이 특징이다. 고라니나 노루는 겨울에 차가운 눈을 다 치워 내고 잠자리를 만드는 버릇이 있다.

봄 풀밭에서 고라니가 잠을 자고 갔다.
둘레에 풀이 눌려 있는 자리가 많이 있었다.
2005년 4월, 경기 안산 시화호

고라니가 다니는 길

고라니가 자주 다녀서 너른 풀밭에 길이 났다.
한 마리가 겨우 지나다닐 만하게 폭이 좁다.

2005년 4월, 경기 안산 시화호

노루
노리, 놀가지, 놀개이, 놀기, 수건붙이 *Capreolus pygargus*

분류 소목 사슴과
먹이 어린 나뭇가지, 새순, 채소, 곡식
수명 10년
몸길이 100~140cm **꼬리 길이** 2~4cm
몸무게 25~40kg
특징 제주도 한라산에 아주 많이 산다.

고라니보다 크다. 엉덩이에 커다랗게 흰 점이 있고, 꼬리는 짧아서 잘 안 보인다.
네 다리가 가늘고 길다. 수컷은 뿔이 있다.

2003년 11월, 경기 과천 서울대공원 동물원

노루는 고라니보다 퍽 크다. 고라니와 달리 엉덩이에 커다랗게 흰 점이 있는데, 그 모양이 흰 수건을 차고 다니는 것 같다고 북녘에서는 '수건붙이'라고도 한다. 뿔은 수컷만 있다. 해마다 11~12월이면 떨어지고, 이듬해 1~2월에 새로 난다. 뿔을 나무에 비벼서 냄새를 묻히고 자국을 남긴다.[40]

노루는 눈이 좋고 귀도 밝고 냄새도 잘 맡고 헤엄도 잘 친다. 뛰는 것보다 걷는 것을 좋아한다. 가끔 뛰기도 하지만 오래 뛰지는 못한다. 겁이 많아서 작은 소리에도 잘 놀라고 금세 달아난다. 개가 짖는 것처럼 '컹컹' 하고 운다.

고라니보다 좀 더 높은 산에서 산다.[41] 해 진 뒤나 해 뜰 무렵에 나와서 어린 나뭇가지와 풀을 뜯어 먹는다. 가을에는 배추, 무, 콩 같은 곡식도 먹는다. 먹이를 먹고 나면 안전한 곳에서 되새김질을 한다. 먹을 것이 모자라는 겨울에는 산 아래 마을로 내려와서 먹을 것을 찾는다. 제주도 한라산에 유난히 많이 산다.

노루는 식구끼리 모여 살거나 혼자 산다. 움직일 때는 어미가 앞장서고 새끼를 가운데 세우고 수컷이 뒤를 지키면서 따라간다. 위험이 닥치면 수컷이 이리저리 사방으로 뛰어다니면서 위험을 알리고, 천적을 엉뚱한 곳으로 꾀어서 새끼를 지킨다. 가을에 짝짓기를 하고 이듬해 5~6월에 새끼를 두 마리 낳는다. 새끼 두 마리를 10~30m 떨어진 곳에 따로 낳아 숨겨 둔다. 갓 낳은 새끼는 털만 마르면 바로 걸을 수 있고, 한 주가 지나면 어미를 따라 뛸 수 있다. 새끼는 짙은 갈색 바탕에 흰 점이 있는데, 자라면서 없어진다. 석 달 동안 젖을 먹고 15개월이면 다 자란다.

노루 발자국

노루는 고라니나 멧돼지처럼 발굽으로 걷는다. 두 발굽이 좁고 뾰족하다. 앞발굽은 뛸수록 많이 벌어지고, 뒷발굽은 별로 안 벌어진다. 뛸 때 작은 발굽이 찍히기도 한다.

노루는 걷는 것을 좋아한다. 가끔 뛰긴 하지만 오래 뛰지는 못한다. 발자국은 늘 곧게 이어지고, 발자국 하나하나는 중앙선을 중심으로 조금 밖으로 향한다. 뒷발이 거의 정확히 앞발이 디딘 자리를 디딘다. 걸음 폭은 60~90cm이고 빨리 걸을때는 100~140cm로 커진다. 펄쩍 뛰어오를 때는 걸음 폭이 2m를 넘는다. 또 단숨에 6~7m를 뛸 수도 있다.

앞발 발자국
6×3.5cm

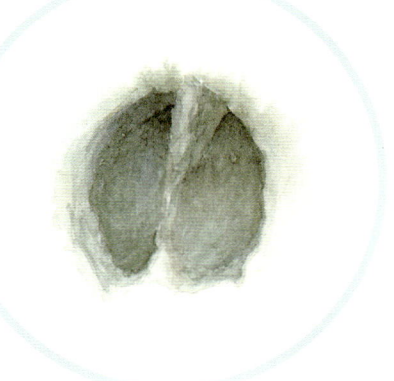

눈에 찍힌 노루 발자국

노루가 눈이 쌓인 산길을 천천히 걸어갔다. 사람도 다니는 길이다. 눈 속이라 발자국이 뭉개져서 제대로 알아보기는 어려웠지만 발자국 옆에 있는 똥과 오줌 자국, 나뭇가지를 뜯어 먹은 자국을 보고 노루 발자국인 것을 알았다.

2005년 2월, 경북 울진 소광리 산비탈

노루 똥

노루 똥은 고라니 똥과 비슷하다. 똥이 깨끗하고 냄새도 안 난다. 길쭉한 똥도 있고 동글동글한 똥도 있다. 노루는 흔히 똥을 잠자리 옆에 30~40알씩 무더기로 싼다. 뛰면서도 똥을 누는 버릇이 있어서 똥이 몇 알씩 흩어져 있기도 한다. 여름 똥은 고라니처럼 알 똥 여러 개가 한 덩어리로 뭉쳐서 나오기도 한다. 똥 색깔은 검은색이 많은데, 먹이와 철에 따라 짙은 갈색이나 검은 풀색도 있다. 풀보다 어린 나뭇가지나 나뭇잎을 즐겨 먹어서 똥을 쪼개 보면 나무 부스러기 같은 것이 나올 때가 많다.

노루가 눈 덮인 배추밭에 똥을 한 무더기 싸 놓았다. 갓 누었는지 똥에 물기가 촉촉하고 윤기도 흐른다. 고라니 똥보다 크고 길쭉하다. 13×6mm.

2005년 2월, 경북 울진 소광리 산비탈

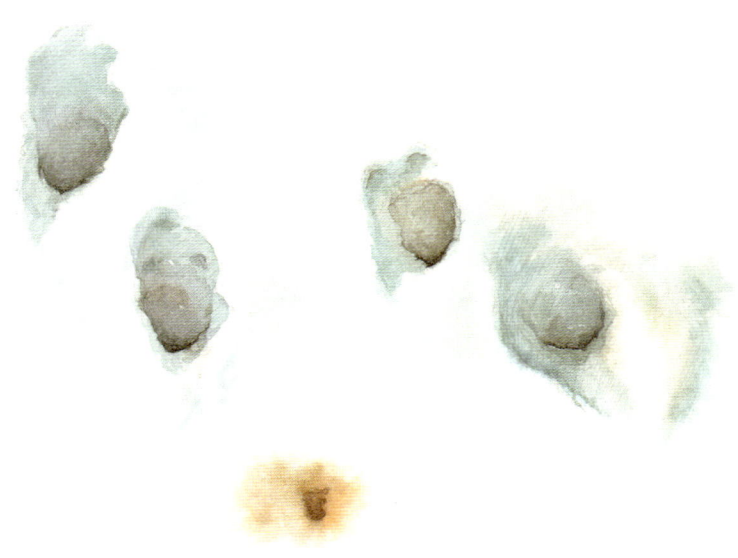

노루 오줌 자국

노루가 산길을 따라 걸어가면서 군데군데 똥도 누고 오줌도 흘려 놓았다. 오줌이 흩어지지 않은 것이 수컷인 것 같다. 구멍 지름 1cm.

2005년 2월, 경북 울진 소광리 산길

노루가 먹은 자국

노루는 풀보다 나뭇가지를 즐겨 먹는다. 나무숲 가장자리를 따라가면서 제 키에 맞는 나뭇가지들을 보이는 대로 한 입씩 뜯어 먹는다. 노루가 나뭇가지를 뜯어 먹은 자국은 50~100cm 높이에 있다. 노루는 나무껍질을 벗겨 먹지는 않는다.

나뭇가지를 자세히 보면 끊긴 부분이 매끈하지 않고 거친 섬유 같은 것이 남아 있다. 노루도 고라니처럼 위턱에 앞니가 없기 때문이다. 사슴과 동물이 다 그렇다. 쥐나 토끼는 튼튼한 윗니가 있어서 뜯거나 갉아 먹은 자리가 칼로 벤 것처럼 말끔하다.

뜯어 먹은 자리

노루가 배추밭에 내려와서 눈을 헤치고 성한 배추를 찾아내어 잎사귀를 뜯어 먹었다. 끊어 먹은 자리가 지저분하다.

2005년 2월, 경북 울진 소광리 산비탈

잘라 먹은 자리

노루가 높이가 70cm쯤 되는 작은 나무 곁가지를 잘라 먹었다. 겨울에는 먹을 것이 없으니까 나무순이나 잔가지를 많이 먹는다.

2005년 2월, 경북 울진 소광리 산길

꽃사슴 <small>사슴, 대륙사슴, 우수리사슴 *Cervus nippon*</small>

분류 소목 사슴과
먹이 풀, 나뭇잎, 어린 가지, 이끼, 버섯
수명 15년
몸길이 100~160cm
몸무게 50~130kg (암컷 25~80kg)
특징 붉은 갈색 바탕에 흰 점이 있다.

꽃사슴은 붉은 갈색 털에 흰 점이 있다. 여름에는 털이 짧고 성글어서 또렷하게 보이다가 겨울에 털이 길고 빼곡해지면 잘 보이지 않는다. 뿔은 수컷만 있는데, 네 가지로 갈라진다. 암수 모두 소리를 잘 내고 귀를 잘 움직인다. 숲속이나 숲 가장자리 풀밭에서 살면서 풀과 나뭇잎, 어린 나뭇가지, 이끼와 버섯을 즐겨 먹는다.[42]

뿔은 해마다 1~2월이면 떨어졌다가 3월부터 새 뿔이 돋기 시작해서 8월까지 자란다. 뿔이 자라는 동안 수컷은 혼자서 지내다가 9~10월 짝짓기 할 때가 되면 암컷 무리를 찾는다. 이때 수컷들은 암컷을 차지하려고 뿔을 부딪치며 격렬하게 싸운다. 짝짓기를 하고 이듬해 5~6월이면 새끼를 한두 마리 낳는다. 새끼는 넉 달 동안 젖을 먹고 3년이면 다 자란다.

발자국
발굽으로 걷는다. 발굽이 좁고 뾰족하며, 앞발과 뒷발 크기가 비슷하다.

5.5×4cm
걸음 폭 40~80cm
뛸 때 걸음 폭 100~200cm

붉은 갈색 바탕에 흰 반점이 있다. 눈이 크고 눈물 홈이 또렷하며 귀는 곧추서 있다. 목이 길고 허리는 날씬하며 다리가 가늘고 길다. 수컷은 뿔이 있다.
2004년 7월, 경기 포천 국립수목원 산림동물원

누렁이 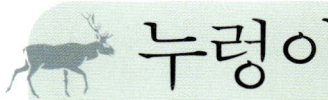 백두산사슴, 붉은사슴, 말사슴 *Cervus elaphus*

분류 소목 사슴과
먹이 나뭇잎, 산열매, 버섯, 채소, 곡식
수명 15년
몸길이 180~200cm **꼬리 길이** 12~13cm
어깨 높이 120cm
몸무게 180~225kg
특징 사슴과 동물 가운데 가장 크고 늠름하다.
 엉덩이에 커다랗게 누런 점이 있다.

누렁이는 엉덩이에 크고 누런 점이 있다고 '누렁이'라고 한다. 백두산에 산다고 '백두산사슴'이라고도 한다. 사슴과 동물 가운데 가장 크다. 덩치가 아주 커서 말보다 큰 것도 있다. 수컷만 큰 뿔이 있는데 6~8가지로 갈라져서 더욱 늠름해 보인다. 남녘에는 없다.

넓은 숲속에 살면서 철에 따라 사는 곳을 옮긴다. 여름에는 벌레가 적고 바람이 잘 드는 산꼭대기나 서늘한 북쪽 비탈에 산다. 겨울에는 볕이 잘 들고 눈이 적은 남쪽 비탈로 옮긴다. 보통 3~5마리씩 무리를 지어 다닌다.

밤이든 낮이든 잘 돌아다닌다. 참나무, 싸리나무, 느릅나무 잎과 가지를 즐겨 먹고, 도토리 같은 산열매와 버섯도 먹는다. 봄에는 새싹이 먼저 돋는 곳을 찾아가서 먹이를 먹고 가을에는 논밭에 내려와 몰래 농작물을 먹기도 한다. 봄에 소금기가 있는 흙을 핥는 버릇이 있다. 여름에는 물을 좋아해서 물속에 몸을 담그고 있기도 하고 늪이나 진흙 웅덩이에 눕기도 한다.

짝짓기 철에 수컷은 황소 같은 울음소리를 내면서 암컷을 찾아다닌다. 가을에 짝짓기를 하고, 이듬해 5~6월에 새끼를 한 마리 낳는다. 암컷은 새끼 낳을 때가 되면 무리를 떠나 조용한 곳을 찾는다. 새끼는 사나흘 동안 젖을 먹거나 잠만 자고 거의 움직이지 않는다. 한 달이 지나야 어미를 따라다닐 수 있고, 2~3년이면 다 자란다.[43]

발자국
발굽으로 걷는다. 발굽이 크다. 앞발굽이 조금 벌어지고 작은 발굽은 찍히지 않는다. 앞발이 뒷발보다 조금 크다.

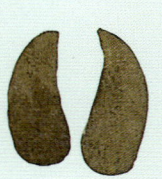

앞발 발자국 9×7cm
걸음 폭 80~150cm
뛸 때 최대 걸음 폭 350cm

덩치가 크다. 수컷은 큰 뿔이 여러 가지로 갈라진다. 콧구멍이 크고 귀는 곧추서고 목이 굵다. 엉덩이에 누런 점이 커다랗게 나 있다.

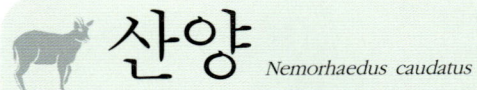

산양 *Nemorhaedus caudatus*

분류 소목 소과
먹이 풀, 나뭇잎, 어린 나뭇가지, 이끼
수명 10~15년
몸길이 120~135cm **꼬리 길이** 14~18cm
몸무게 25~35kg
특징 높은 산 험한 바위 지대에서 산다.

산양은 높은 산속 험한 바위 지대에서 산다. 암수 모두 작고 뾰족한 뿔이 활처럼 뒤로 뻗어 있다. 뿔은 죽을 때까지 떨어지지 않는다. 다리가 굵고 튼튼하며 발굽이 바위에 알맞게 발달해서 가파른 절벽도 잘 오르내린다.

산양은 혼자서 지내거나 서너 마리씩 무리를 짓고 산다. 살 곳을 한번 마련하면 죽을 때까지 한곳에 머물며 산다. 굴이나 집은 따로 없다. 아침저녁으로 돌아다니면서 부드러운 풀과 나뭇잎을 뜯어 먹는다. 가을에는 도토리 같은 나무 열매를 많이 먹는다. 한낮에는 커다란 바위를 등지고 앞이 탁 트인 낭떠러지 위에서 쉬면서 먹은 것을 되새김질하거나 존다. 먹이가 적은 겨울에는 솔잎이나 이끼나 조릿대같이 푸른 잎을 찾아 먹고, 나무 잔가지나 덩굴줄기도 뜯어 먹는다. 눈이 많이 내리면 먹이를 찾아 산 아래로 내려오기도 한다.

10~11월에 짝짓기를 하고, 이듬해 4~6월에 새끼를 한 마리 낳는다. 더러 두 마리를 낳기도 한다. 새끼는 두 달쯤 어미젖을 먹고, 이듬해에는 혼자서도 먹이를 찾아 먹는다. 1960년대까지만 해도 깊은 산에 많이 살았는데, 지금은 아주 적은 수만 남아 있어서 천연기념물과 멸종 위기종으로 정해서 보호하고 있다.

머리가 작은 편이다. 귀는 곧추서 있고 작고
뾰족한 뿔이 뒤로 뻗어 있다. 털은 잿빛으로
바위 색과 비슷한데, 턱 밑과 귓속과 꼬리
아래쪽과 발목은 하얗다.
2002년 2월, 경기 용인 에버랜드 동물원

산양 똥

 산양 똥은 알 똥이다. 동글동글한 것도 있고 조금 길쭉한 것도 있다. 길쭉한 알 똥은 양 끝이 뭉툭하고 오목하게 들어가지 않은 것이 특징이다. 똥 색은 까만색이 많은데, 겨울에는 갈색도 있다. 산양이 주로 풀이나 나뭇잎을 먹고 되새김질을 하기 때문에 똥을 쪼개 보면 부드러운 풀 찌꺼기가 나온다. 잘게 부서진 나뭇가지 부스러기도 나온다.
 산양이나 고라니나 노루는 똥이 비슷비슷해서 똥만 보고 누가 눈 똥인지 가려내기가 힘들다. 그럴 때는 똥이 있는 자리와 둘레 환경을 보고 가늠해 볼 수 있다. 높은 산 바위 지대에 있으면 산양 똥, 갈대밭이나 낮은 산기슭에서 보았다면 고라니 똥이기 쉽다. 노루는 고라니보다 좀 더 깊은 산에 산다.
 산양은 한곳에 똥을 누는 습성이 있다. 식구가 있으면 식구 모두 한곳에 똥을 눈다. 공동변소인 셈이다. 그래서 산양 똥은 늘 무더기로 발견된다.

길쭉하고 양 끝이 뭉툭하다. 눈 지 시간이 꽤 지나서 윤기가 없고 바짝 말랐다. 똥 겉이 터지기도 했다. 15×8mm.

2005년 12월, 강원 인제 설악산

산양은 자주 지나다니는 길목에 한 번에
100~150알쯤 되는 똥을 눈다. 많을 때는
250~400알을 싸기도 한다.
늘 누는 곳을 벗어나서 길에 누는 똥은 자기
땅임을 알리기 위한 것이다.

2005년 12월, 강원 인제 설악산

산양 똥에는 고라니 똥이나 노루 똥과 똑같이
생긴 것도 있다. 이 똥은 높은 산 꼭대기
가까이에 있어서 산양 똥인 것으로 짐작했다.

2005년 12월, 강원 인제 설악산

산양 쉼터

깎아지른 벼랑 위에 있는 산양 쉼터다. 볕이 잘 들고 앞이 탁 트였다. 천적이 다가가기 힘들기 때문에 산양이 마음 놓고 쉬면서 되새김질하거나 똥을 누거나 잠을 자기에 좋다. 한곳에 똥을 누는 습성대로 이곳에도 산양 똥이 무더기로 쌓여 있었다. 켜켜이 쌓인 똥 무더기는 깊이가 10cm쯤 되고, 맨 아래쪽에 있는 똥은 곰팡이가 피어 있었다.

2005년 12월, 강원 인제 설악산

산양 발자국

산양 발자국은 고라니나 노루처럼 발굽으로 이루어진다. 고라니나 노루와 달리 발굽 앞 끝이 뾰족하지 않고 뭉툭한 것이 특징이다. 또 뛸 때 고라니는 앞발굽이 많이 벌어지는데, 산양은 뒷발굽이 많이 벌어진다. 작은 발굽은 잘 안 찍힌다.[1]

산양 발자국은 보기 힘들다. 산양이 주로 높은 산 바위를 타고 다니기 때문에 겨울에 눈이 내려야 산양 발자국을 볼까 말까 한다. 걸을 때 뒷발 발자국이 앞발 발자국 위에 찍히거나 조금 뒤에 놓인다. 걸음 폭은 40cm 안팎이다. 뛸 때는 네 발자국이 따로따로 떨어져 찍히고, 걸음 폭은 80cm를 넘는다. 산양은 60~70도로 기울어진 가파른 절벽도 가볍게 뛰어올라 눈 깜짝할 사이에 사라진다.

산양 발굽은 고라니나 노루 발굽과 달리 앞 끝이 뾰족하지 않다. 5×5cm.

2005년 12월, 강원 양구 월운리 옛 산양증식장

산양이 먹은 자국

 산양은 나무보다 풀을 많이 먹는다. 봄에는 새로 돋아난 원추리 순같이 푸르고 부드러운 것을 찾아서 뜯어 먹는다. 봄나물인 달래를 즐겨 먹어서 다른 짐승보다 기생충이 적고 깨끗하다고도 한다. 방동사니 같은 사초과 풀도 좋아해서 이른 아침이나 저녁에 산 아래 물가로 내려와서 뜯어 먹기도 한다. 도토리 같은 산열매도 잘 먹고, 진달래나 철쭉, 단풍나무, 두릅나무, 참나무의 잔가지와 잎도 먹는다. 칡 순도 뜯어 먹는다.

 산양은 고라니나 노루처럼 위턱에 앞니가 없다. 그래서 풀이나 나뭇가지를 뜯을 때 가지런히 끊지 못한다. 산양이 뜯어 먹은 풀이나 나뭇가지를 자세히 보면 산양 이빨 자국이 보이기도 한다.

 산양과 고라니와 노루가 뜯어 먹은 자국은 비슷비슷하다. 낮은 산이나 들판에 있는 것은 고라니가 남긴 자국, 조금 높은 산에 있는 것은 노루가 남긴 자국, 높은 산 바위 지대 둘레에 있는 것은 산양이 남긴 자국이라고 할 수 있다. 또 산양과 고라니는 고개를 쳐들기보다 고개를 숙이고 아래쪽에 있는 먹이를 먹는 편이고, 노루는 아래쪽은 물론이고 고개를 쳐들고서 제 키보다 좀 더 높은 데 있는 나뭇가지도 뜯어 먹는다.

철쭉을 뜯어 먹었다. 겨울눈 자리가 끊어져 있다.

솔잎을 뜯어 먹었다. 바늘잎나무는 잘 안 먹는데, 겨울에 먹을 것이 없을 때는 먹는다.

주목 잎을 뜯어 먹었다.

2005년 12월, 강원 양구 월운리 옛 산양증식장

산양이 뿔로 비빈 자국

산양은 한 마리나 작은 무리가 저마다 엄격한 자기 영역을 가지고 생활한다. 여러 세대에 걸쳐 같은 곳에 살면서 다른 산양들이 자기 땅을 침범하는 것을 경계한다. 부지런히 자기 영역을 표시하여 '여기는 내 땅이다.' 하고 알린다.

제 땅임을 알리는 데는 여러 방식이 있다. 똥이나 오줌을 싸서 알리기도 하지만 발굽이나 뿔을 문질러서 냄새를 묻혀 둘 때가 많다. 산양은 자주 발굽으로 땅을 파헤치거나 뿔로 나뭇가지를 긁어 놓는다. 뿔로 비빈 자국은 대부분 짝짓기 철에 수컷이 남긴 것이다. 뿔로 나무를 긁거나 비빈 자리는 나무껍질이 벗겨져서 쉽게 눈에 띈다. 보통 바닥에서 25~30cm 높이에 있다. 시간이 좀 지나면 그 자리만 칙칙한 색으로 변해 있다. 비빈 자리는 너비 2cm, 길이 15cm 안팎으로 그리 크지 않다. 보통 새로운 나무를 골라 비빌 때가 많지만, 한번 비빈 자리를 다시 찾아가서 비비기도 하기 때문에 전에 비빈 자국과 새로 비빈 자국이 함께 보이기도 한다.[45]

산양이 나무에 뿔로 비빈 자국이다. 비빈 지 오래되어서 색이 칙칙하다.
땅에서 높이가 30cm쯤 되는 낮은 데에 있다. 비빈 자리 크기 17×2.5cm.

2005년 12월, 강원 인제 설악산

산양이 다니는 길

산양이 자주 지나다니는 길이다. 길 왼쪽은
심하게 가파르지 않지만 오른쪽 아래는
45도쯤 기울어진 가파른 비탈이다. 산양은
눈에 잘 띄는 산등성이로는 잘 다니지
않는다.

2005년 12월, 강원 인제 설악산

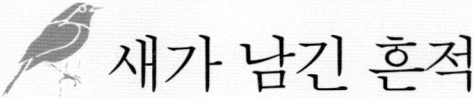 새가 남긴 흔적

새 발자국
새똥
펠릿
새가 먹은 자리
새 둥지
새 모래 목욕
죽은 새 관찰

새 발자국

새는 발가락이 네 개다. 세 개는 앞으로 뻗어 있고, 나머지 하나는 뒤로 나 있다. 발가락 길이는 뒤로 난 발가락이 가장 짧고 앞을 보는 세 발가락 중 가운데 있는 발가락이 가장 길다. 왜가리처럼 뒤로 나 있는 발가락이 퍽 긴 새도 있다. 딱따구리는 발가락 두 개가 앞으로 나 있고, 나머지 두 개는 뒤로 나 있다.

물 가까이 사는 기러기나 오리나 갈매기는 발가락 사이에 물갈퀴가 있다. 모래나 눈이나 진흙 바닥에서 물갈퀴가 또렷하게 찍힌다.

새 발가락 끝에는 모두 발톱이 있다. 매나 독수리 같은 맹금류[46]는 다른 새나 작은 짐승을 사냥하기 좋게 앞발톱이 날카로우면서 굽었다. 오리 종류는 발톱이 거의 안 보인다.

눈밭에는 새가 땅으로 내려앉으면서 찍힌 발자국이 나 있기도 하다. 또 갑자기 하늘로 날아오르면서 남긴 날개 자국이 부챗살처럼 찍혀 있기도 하다. 꼬리가 긴 장끼는 발자국에 꼬리가 끌린 자국도 남긴다. 참새처럼 작고 몸이 가벼운 새는 날개 자국이나 꼬리 자국을 거의 남기지 않는다.[47]

큰기러기 *Anser fabalis*

기러기는 늦가을에 우리나라로 떼 지어 날아오는 겨울 철새다.
검은 부리 끝에 주황색 띠가 있다.
오리보다 크고 목이 길며, 물에서 헤엄을 잘 친다. 수확이 끝난
논에서 벼 이삭 같은 것을 찾아 먹는다.
큰기러기 발자국은 뒤로 뻗은 발가락이 없고 발가락 사이에
물갈퀴가 있다. 몸집이 크고 무거워서 발자국이 잘 찍힌다.
발가락과 발톱과 물갈퀴가 모두 잘 나타난다.

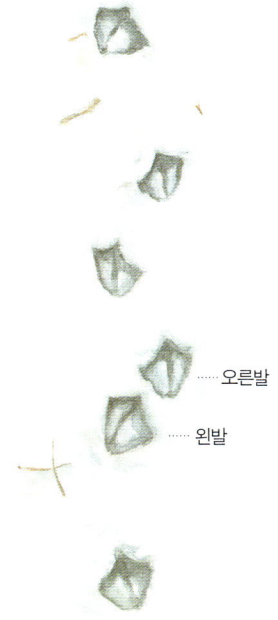

오른발
왼발

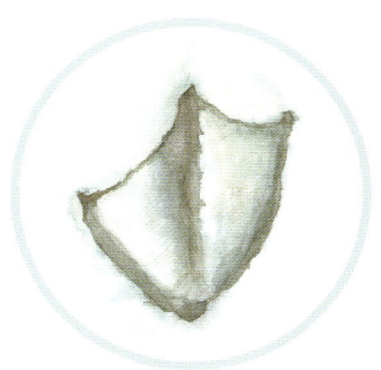

큰기러기 발자국
8×8cm
걸음 폭 10~15cm

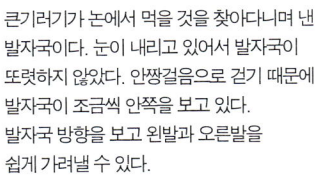

큰기러기가 논에서 먹을 것을 찾아다니며 낸
발자국이다. 눈이 내리고 있어서 발자국이
또렷하지 않았다. 안짱걸음으로 걷기 때문에
발자국이 조금씩 안쪽을 보고 있다.
발자국 방향을 보고 왼발과 오른발을
쉽게 가려낼 수 있다.

2005년 1월, 충남 서산 천수만 논

꿩 *Phasianus colchicus*

꿩은 한곳에 눌러사는 텃새다. 암컷을 까투리, 수컷을 장끼라고 하는데, 수컷이 암컷보다 훨씬 더 크고 빛깔도 알록달록하다.

꿩은 날아다니기보다 땅에 있을 때가 많다. 둥지도 땅 위에 틀고, 먹이도 가랑잎 더미나 땅을 뒤져서 찾아 먹는다. 그래서 발이 튼튼하고 발가락도 굵고 단단하며, 발톱도 발달했다.

꿩은 늘 다니는 길이 있어서 발자국을 쉽게 찾을 수 있고, 가까운 곳에서 똥도 볼 수 있다. 산자락에 있는 밭이나 마을 가까이에 있는 논밭에 많다.

앞으로 난 세 발가락은 90도 안팎으로 벌어지고, 뒤로 난 발가락은 작지는 않지만 힘을 많이 주지 않아서 점처럼 찍힌다.

꿩이 눈밭을 걸어갔다.
2005년 1월, 충남 서산 천수만 물가

꿩 발자국
7~8×8~9cm
걸음 폭 10cm
뛸 때 걸음 폭 30~50cm
2004년 10월, 경기 안산 시화호 진흙밭

왜가리 *Ardea cinerea*

왜가리는 물가에 오랫동안 서서 기다리다가 개구리나 뱀이나 물고기가 나타나면 탁 쏘아서 잡아먹는다.
앞으로 난 세 발가락이 모두 길고 가늘며 발톱도 뾰족하고 길다. 뒤로 난 발가락도 긴데 가운데 발가락과 거의 일직선을 이룬다. 뒤로 난 발가락이 길어서 나무에 앉을 때 나뭇가지를 움켜쥐기 좋다. 앞으로 난 세 발가락이 이룬 각도는 120도 안팎이다.
물가에서 흔히 볼 수 있다.

왜가리는 쉴 때 다리를 바꿔 가면서 한 다리로 서 있는다. 이 발자국은 왜가리가 한 발로 서 있다가 발이 시리면 다른 발로 바꾸고 또 다른 발로 바꾸고 한 자국이다.
2005년 1월, 충남 서산 천수만 수로

왜가리 발자국
16×12cm, 가운데 발가락 길이 7~8cm.
걸음 폭 50cm.

2004년 10월, 경기 안산 시화호 진흙밭

중대백로 *Egretta alba*

중대백로는 백로 가운데 가장 크다. 여름 철새지만 겨울에도 볼 수 있다. 왜가리처럼 물가에 살면서 물고기나 개구리를 잡아먹는다. 발자국이 왜가리와 비슷한데, 중대백로 발자국이 조금 더 크다. 발가락 길이가 뒤로 뻗은 발가락까지 다 해서 15cm가 넘는다.

눈길을 중대백로가 걸어갔다. 크고 또렷한 발자국이 시원시원하게 이어져 있다.
───────
2005년 1월, 충남 서산 천수만

중대백로 발자국
16×14cm

청둥오리 *Anas platyrhynchos*

청둥오리는 겨울 철새지만, 요즘은 일 년 내내 눌러 살기도 한다. 물갈퀴가 있어서 헤엄을 잘 친다. 물갈퀴가 발톱 끝까지 오는데, 가장자리가 조금 안쪽으로 굽어든다. 기러기보다 발가락이 가늘고 짧다. 발톱도 둔한 편이다. 가운데 발가락 길이는 5cm 안팎이다. 오리 종류가 워낙 많아서 발자국 하나만 가지고 무슨 오리인지 가려내기는 어렵다. 뒤뚱뒤뚱 안짱걸음으로 걷기 때문에 발자국 방향을 보고 왼발과 오른발을 가려낼 수 있다. 걸음 폭도 15cm 안팎으로 짧다. 물가 모래나 진흙 바닥에서 흔하게 볼 수 있다.

청둥오리 발자국
7×6cm
2005년 1월, 강원 양구 수입천 물가

쇠오리 *Anas crecca*

겨울 철새다. 작다고 '쇠오리'라는 이름이 붙었다. 발자국도 작다.

왼발
오른발

쇠오리 발자국
4×5cm

2005년 1월, 충남 서산 창리 포구

물까마귀 *Cinclus pallasii*

물까마귀는 일 년 내내 맑은 물이 흐르는 곳에 사는 텃새다. 겨울에도 골짜기를 날아다니면서 얼지 않은 물을 찾아 물속에 사는 벌레를 잡아먹는다. 자맥질도 잘한다. 겨울에 눈 쌓인 골짜기를 잘 살펴보면 눈에 찍힌 물까마귀 발자국을 볼 수 있다. 물까마귀도 곧잘 볼 수 있다.

날개 자국

내려앉으면서 미끄러진 발자국

물까마귀가 눈 쌓인 물가에
내려앉을 때 찍힌 꼬리깃털 자국
2005년 1월, 강원 양구 방산리 수입천

눈밭에 찍힌 물까마귀 발자국
7×3cm. 발이 끌린 자국도 나 있다.
2005년 1월, 강원 양구 수입천

노랑턱멧새 *Emberiza elegans*

나뭇가지를 움켜잡기 좋게 발가락이 가늘고 길며 발톱도 날카롭다. 가을과 겨울에는 땅에 내려와서 풀씨를 많이 먹기 때문에 땅이나 눈 위에 발자국을 많이 남긴다. 몸집이 작고 가벼워서 발자국이 희미하지만, 눈밭에서는 꽤 또렷한 발자국을 남긴다. 두 발을 모아 톡톡 뛰어다녀서 발자국이 늘 쌍으로 찍힌다.

마른 풀 줄기에 앉아 있는 노랑턱멧새. 추운 겨울을 나려고 먹이를 잔뜩 먹어서 몸이 통통해졌다. 여름에는 몸이 날씬하다.
2005년 2월, 경북 울진 소광리 눈 쌓인 산기슭 밭

노랑턱멧새 발자국
4×2cm

노랑턱멧새가 풀 줄기에 올라 풀씨를 쪼아 먹고 다시 옮겨 갔다. 풀씨가 흰 눈 위에 떨어져 까만 점처럼 흩어져 있다.

백할미새 *Motacilla lugens*

물가에서 볼 수 있는 겨울 철새다. 몸무게가 20g밖에 안 나가서 발자국이 또렷하게 찍히지 않는다.

백할미새 발자국
3.5×2cm
2005년 1월, 충남 서산 창리 포구

민물도요 *Calidris alpina*

도요새 가운데 가장 흔한 겨울 철새다. 무리를 지어 다니기 때문에 발자국도 어지럽게 나 있을 때가 많다. 발자국이 작고, 뒤로 뻗은 발가락이 점처럼 조그맣게 찍힌다.

민물도요 발자국
3×3cm
2005년 1월, 충남 서산 창리 포구

새똥

새는 날아다니기 때문에 몸이 가벼워야 한다. 그래서 창자가 짧아 먹은 것을 빨리 소화시키고, 똥도 자주 눈다. 새는 오줌보가 따로 없다. 새똥에 허옇게 묻어 나오는 것이 오줌이다.[48]

매나 수리처럼 짐승 고기를 먹는 새는 흰 물똥을 싼다. 소화가 된 것만 묽은 똥으로 내보내는 것이다. 절벽에 둥지를 틀고 새끼를 치는 맹금류나 물고기를 먹는 황새 둥지를 보면 하얀 오줌똥 때문에 멀리서도 한눈에 알아볼 수 있다. 묽은 똥을 싸는 새는 똥만으로는 무엇을 먹었는지, 무슨 새가 쌌는지 알기 어렵다.

꿩이나 비둘기나 참새는 똥이 원통형이 많고 굳고 마른 것이 특징이다. 이 새들은 곡식을 많이 먹는데, 틈틈이 모래알 같은 것을 같이 쪼아 먹는다. 그러면 곡식이 잘게 부서져서 소화가 잘 된다. 벌레를 먹는 딱따구리는 벌레 껍질이 소화되지 않고 똥 속에 그대로 남아 있다.

딸기나 버찌를 먹는 새들은 똥 속에 열매 씨가 고스란히 있어서 새가 무엇을 먹었는지 금방 알 수 있다. 딱딱한 씨앗을 똥으로 그대로 내보내기 때문에 씨앗이 널리 퍼지는 것을 도와준다. 새의 따뜻한 소화관을 거치기 때문에 씨앗이 싹 트는 데도 아주 좋다.

풀을 먹는 기러기나 오리 종류는 풀색 원통형 똥을 허연 오줌과 함께 싼다.

꿩 *Phasianus colchicus*

꿩 똥은 짧은 원통형으로, 한끝은 굵고 뭉툭하고 다른 한끝은 조금 가늘다. 색깔은 갈색이 많고 한쪽 끝에 흰 오줌이 덮여 있다. 먹이를 먹은 곳에서 한두 개 보이고, 쉬던 자리에서는 무더기로 보인다.

장끼 똥
장끼가 금방 싼 똥. 똥이 촉촉하고, 허연 오줌도 묻어 있다. 똥 길이 2~3cm.

2004년 11월, 강원 양구 수입천 물가 갈대숲

딱새 *Phoenicurus auroreus*

딱새는 일 년 내내 한곳에서 사는 텃새다. 크기는 참새만 하다. 마을에서 멀지 않은 숲이나 산비탈에서 혼자 살거나 암수가 어울려 산다. 여름에는 벌레를 많이 잡아먹고, 겨울에는 마른 나무 열매나 풀씨를 먹는다. 찔레 열매를 잘 먹는다.

✱ 새똥에서 나왔어요

딱새 똥에서 여러 가지 열매와 곡식 알갱이가 그대로 나왔다.

2005년 1월, 강원 양구 방산리 수입천 물가 비탈

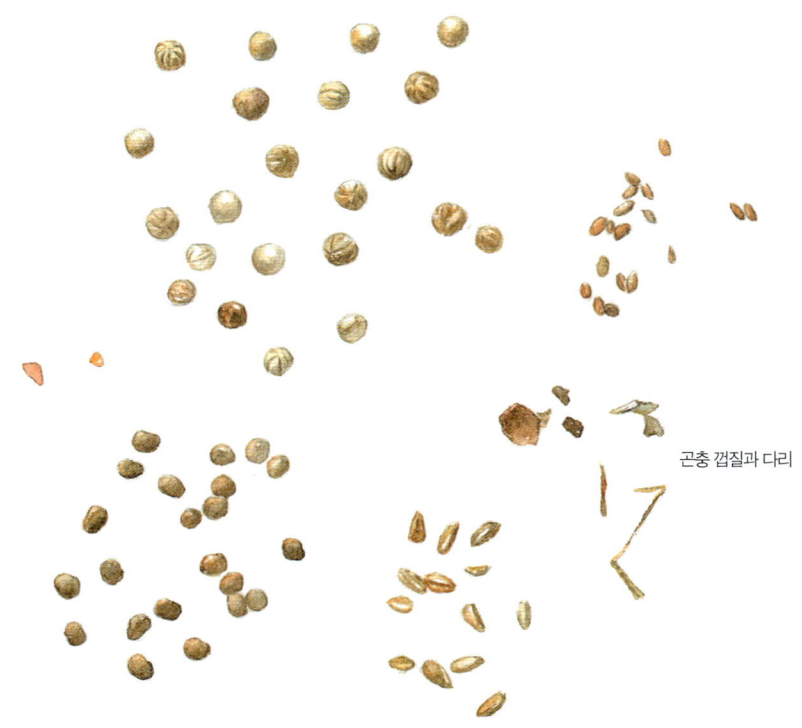

곤충 껍질과 다리

큰기러기 *Anser fabalis*

기러기는 단단한 원통형 똥을 싼다. 습지나 물가 풀밭이나 모랫바닥, 가을걷이가 끝난 논에서 쉽게 찾아볼 수 있다. 무리를 짓고 있기 때문에 똥도 한번에 많이 볼 수 있다.

큰기러기 똥 무더기
큰기러기가 방금 싼 똥이다. 싼 지 얼마 안 되어서 물기가 많고 색도 또렷하다.
5×1cm.
2005년 2월, 경기 파주출판단지 근처 논

큰기러기가 논에서 눈을 맞으며 먹이를 찾아 먹고는 똥을 쌌다. 눈에 똥물이 번져 있다.
2005년 1월, 충남 서산 천수만 논

펠릿

펠릿은 새가 입으로 토해 내는 찌꺼기 덩어리다. 얼핏 보면 육식 동물이 싼 똥 덩어리처럼 보인다. 부엉이나 올빼미, 수리, 매 같은 새들이 펠릿을 토해 낸다.

새는 이빨이 없어서 먹이를 씹지 않고 그대로 삼킨다. 쥐나 작은 짐승을 통째로 삼키는데, 어지간한 것은 다 소화된다. 하지만 털이나 단단한 뼈는 소화되지 않고 쌓인다. 이것이 쌓이고 쌓이면 새가 입으로 토해 내는데, 이것이 펠릿이다. 털이나 뼈 부스러기들은 새 모이주머니에서 나오는 끈끈한 점액과 섞여서 한 덩어리가 되고, 또 점액 때문에 매끄러워서 토해 낼 때 쉽게 목구멍을 빠져나온다.

펠릿은 둥근 공 모양과 원통형이 많다. 양 끝이 다 둥글거나 한쪽 끝만 뾰족하다. 한곳에 토해 놓기 때문에 하나만 찾으면 그 둘레에서 여러 개를 볼 수 있다. 새가 사는 나무나 둥지 가까이에서 볼 수 있다. 펠릿을 보고 그 새가 즐겨 찾는 곳이 어디인지도 알 수 있다.

새들은 먹이를 찾으러 나서기 전에 펠릿을 토해 내어 모이주머니를 비워 놓고 몸무게도 줄인다. 하루에 적어도 두 번은 먹이를 먹으니까 펠릿도 보통 두 번은 토해 낸다.

독수리 *Aegypius monachus*
독수리 펠릿은 넓은 강 하구나 앞이 시원하게 트인 너른 밭과 논에서 발견된다. 모양은 보통 굵은 원통형에 양 끝이 모두 뭉툭하다.

독수리 펠릿
죽은 고라니를 먹고 토해 냈다. 고라니 털로만 되어 있어서 실이 성글게 뭉쳐진 것 같다.
6.5×4cm.

2004년 12월, 강원 철원 들판

황조롱이 *Falco tinnunculus*

황조롱이는 도시에서도 볼 수 있다. 건물 옥상에 둥지를 짓기도 하는데, 펠릿도 둥지 옆에서 발견된다.

황조롱이 펠릿
구조센터에서 먹이로 준 흰쥐를 먹고 뱉은 것이라 색이 허옇다.
3×1.5cm.
2004년 12월, 강원 철원 야생동물구조센터

수리부엉이 *Bubo bubo*

수리부엉이 펠릿은 산속 큰 바위나 나무 밑에 많다. 부엉이 가운데 덩치가 가장 커서 펠릿도 굵고 크다.

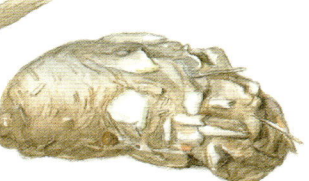

수리부엉이 펠릿
논과 논 사이 좁은 논둑길에 놓여 있었다. 토한 지 오래된 것 같다. 잡아먹은 새의 뼛조각이 보인다.
6×3cm.
2005년 3월, 경기 파주출판단지 근처 논

참매 *Accipiter gentilis*

참매 펠릿은 산이나 물가나 논밭에서 볼 수 있다. 가운데는 굵고 양 끝은 가늘되 뾰족하지 않고 뭉툭하다. 색깔은 잡아먹은 새나 쥐 색에 따라 다르지만, 회갈색이 많고 무척 단단하다.

참매 펠릿
구조센터에서 먹이로 준 흰쥐를 먹고 뱉은 것이라 색이 허옇다.
3×1.5cm.
2004년 12월, 강원 철원 야생동물구조센터

✻ 펠릿에서 나왔어요

수리부엉이 펠릿을 주웠다. 지름 4cm, 길이 8cm나 되는 큰 펠릿을 풀어 헤쳐 보니 온통 새 털과 뼈투성이였다. 다리뼈와 발뼈 길이를 보면 꿩같이 꽤 덩치가 큰 새를 잡아먹은 것 같다. 집게벌레 머리도 나왔는데 아마도 잡아먹힌 새가 잡아먹은 것으로 보인다.

2005년 9월, 경기 안산 시화호 큰 바위 위

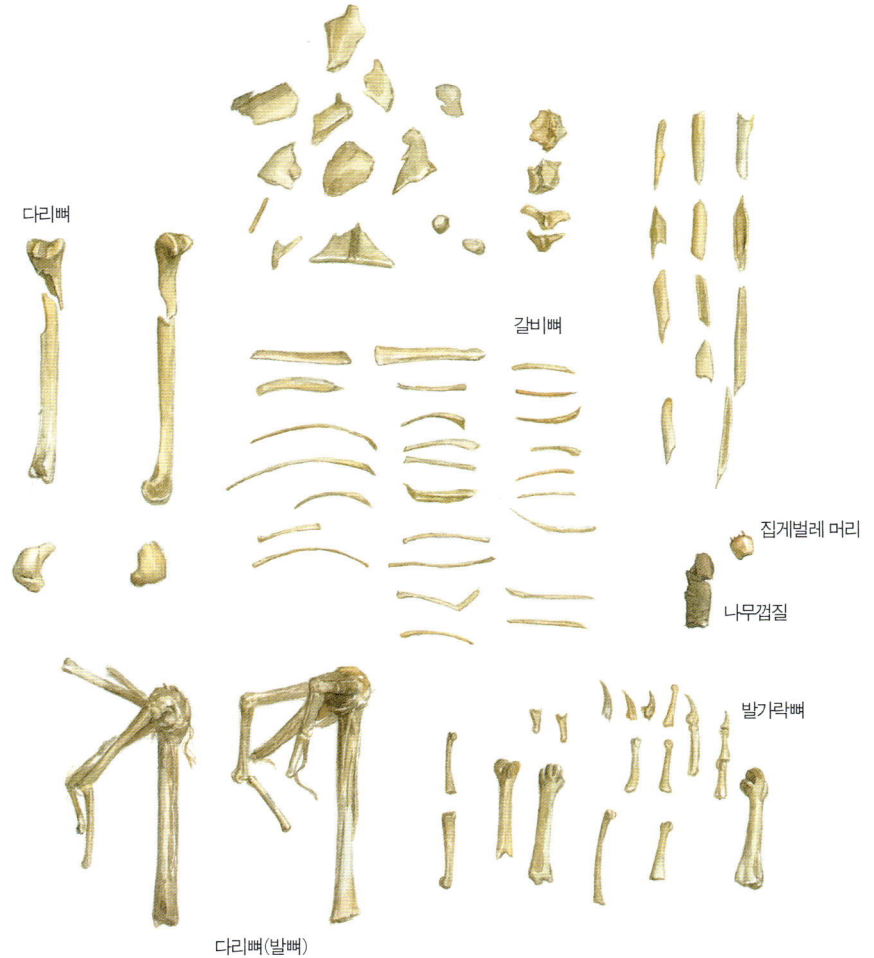

다리뼈

갈비뼈

집게벌레 머리

나무껍질

발가락뼈

다리뼈(발뼈)

새가 먹은 자리

딱따구리는 나무줄기에 구멍을 파서 벌레를 잡아먹는다. 주둥이로 나무통을 몇 번 두드려서 그 속에 벌레가 있는지 없는지 금방 알아낸다. 죽은 나무통은 물론이고 살아 있는 나무라도 벌레만 있으면 닥치는 대로 구멍을 뚫어서 벌레를 찾아 먹는다. 죽은 나무일수록 벌레가 많아서 죽은 나무 한 그루에 딱따구리 구멍이 열 개도 넘게 줄 지어 뚫려 있을 때도 있다.

새들도 먹이를 숨겨 두는 버릇이 있다. 때까치는 번식기에 메뚜기나 개구리, 잠자리 따위를 잡아서 둥지 근처 나뭇가지 사이에 끼워 놓고 알을 깔 무렵에 먹는다. 어치는 잣이나 도토리, 가래, 밤 같은 산열매를 나무 틈 사이에 끼워 놓기도 한다.

큰기러기가 눈 쌓인 논에서 먹이를 찾느라 볏짚을 파헤쳤다. 머리를 들이밀고 파헤친 자리가 쥐 굴이나 새 둥지처럼 보이기도 한다. 큰기러기 발자국도 찍혀 있다.

2005년 1월, 충남 천수만 논

딱따구리가 벌레를 찾아 먹으려고 나무를 쪼아 구멍을 냈다. 나무를 쫄 때 깨진 나뭇조각들이 바닥에 떨어져 있다.
2005년 2월, 강원 양구 지석리 산

때까치가 나중에 먹으려고 메뚜기를 나뭇가지 사이에 끼워 놓았다.
2004년 11월, 강원 양구 수입천 둘레 산자락

산새가 청미래덩굴 열매를 쪼아 먹었다.
2005년 3월, 충남 연기 고복저수지 근처 산

새 둥지

오색딱따구리 *Dendrocopos major*

오색딱따구리는 높은 산이나 낮은 산에 두루 사는 흔한 텃새다. 나무줄기에 구멍을 파서 둥지를 틀고, 여름에 알을 4~6개 낳는다.

이 구멍은 오동나무에 낸 것으로 입구 지름이 6cm쯤 된다.

2005년 4월, 경기 하남 검단산

붉은머리오목눈이 *Paradoxornis webbianus*

붉은머리오목눈이는 떨기나무나 풀숲에 무리 지어 사는 흔한 여름 철새다. '뱁새'라고도 한다. 낮은 나무의 가지 사이에 공 모양의 둥지를 짓는다. 둥지는 나뭇가지를 쓰지 않고 풀로 엮어 만든다. 둥지 모양은 아래로 조금 길쭉하고, 넓은 둥지 입구가 위로 뚫려 있다.

이 둥지는 높이가 160cm쯤 되는 금사철나무에 지었다. 가까운 논에서 물어 왔는지 볏짚도 섞여 있다. 둥지가 무척 짜임새가 있다. 지름 10cm.

2005년 10월, 서울 송파 마천동

새 모래 목욕

꿩은 하늘을 날기보다 땅에서 많이 지낸다. 둥지도 땅 위에 틀고 먹이도 땅바닥을 헤집고 다니면서 찾아 먹는다. 그래서인지 꿩은 다른 새보다 기생충이 많다. 날씨가 더워지면 기생충 때문에 몸이 가려워서 메마른 모래밭을 찾아 모래 목욕을 한다. 꿩이 모래 목욕을 한 자리는 앞이 트인 산비탈에 있어서 쉽게 찾을 수 있다. 보통 접시 모양으로 오목하게 파였고, 부드러운 모래흙이 3~5cm 깊이로 쌓여 있다. 이런 모래 목욕장은 여러 번 다시 찾는다. 둘레를 살펴보면 꿩 똥이 있을 때도 있다. 꿩과 같은 무리인 메추라기도 모래 목욕을 한다.

메추라기 모래 목욕 자리
11x15cm

2005년 4월, 경기 안산 시화호

죽은 새 관찰

힝둥새
물속에 죽어 있었다. 왜 죽었는지 알 수 없지만 깃털이나 뼈가 온전하게 남아 있다.

2005년 2월, 경북 울진 소광리 골짜기

새 부리와 머리뼈
부리가 길고 뾰족한 것이 백로 같다.
길이 12cm.

2005년 3월, 경기 파주출판단지 논둑

새 정강이뼈
길이 11cm.

2005년 3월, 경기 파주출판단지 논둑

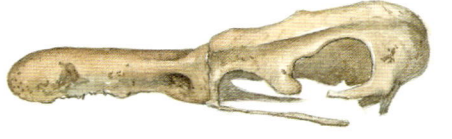

청둥오리 부리와 머리뼈

2005년 3월, 경기 파주출판단지 논둑

잡아먹힌 멧비둘기

산비탈에서 가까운 논바닥에 멧비둘기 깃털이 어지럽게 흩어져 있었다. 멧비둘기가 논에서 먹이를 먹다가 천적인 삵이나 참매한테 잡아먹힌 것 같다. 둘레 볏짚을 들춰 보니 다리뼈 하나가 나왔다. 참매나 삵이 멧비둘기를 잡아먹고 남긴 것을 나중에 황조롱이나 까치가 와서 숨겨 놓은 것인지도 모르겠다.

2005년 3월, 경기 파주출판단지 근처 논

흰빰검둥오리 날개깃

2005년 3월, 충북 청원 미호천 물가

장끼 가슴 깃털

2005년 3월, 충북 청원 다락리 버려진 집 부엌

큰기러기 날개깃

삵처럼 이빨이 날카로운 짐승한테 잡아먹혔는지 깃 끝이 씹혀 있다.

2005년 3월, 경기 파주출판단지 근처 논

쇠딱따구리 날개깃

2005년 12월, 강원 설악산 십이선녀탕 골짜기

213

더 알아보기
참고한 책
학명 찾아보기
가나다 찾아보기

더 알아보기

1) 바다에서 사는 젖먹이동물은 기각목에 7종, 고래목에 35종이 있다.

목명	과명	종명
기각목	바다사자과	물개, 바다사자, 큰바다사자
	물범과	점박이물범(물범), 잔점박이물범, 고리무늬물범, 띠무늬물범
고래목	긴수염고래과	북방긴수염고래
	수염고래과	대왕고래, 참고래, 보리고래, 브라이드고래, 밍크고래, 혹등고래
	귀신고래과	귀신고래
	향고래과	향고래
	쇠향고래과	꼬마향고래, 쇠향고래
	일각고래과	흰고래
	부리고래과	큰부리고래, 민부리고래, 큰이빨부리고래, 혹부리고래, 은행이빨부리고래
	참돌고래과	범고래, 흑범고래, 고양이고래, 들고양이고래, 들쇠고래, 큰머리돌고래, 긴부리참돌고래, 짧은부리참돌고래, 낫돌고래, 큰돌고래, 줄박이돌고래, 점박이돌고래, 긴부리돌고래, 뱀머리돌고래, 고추돌고래
	쇠돌고래과	까치돌고래, 쇠돌고래, 상괭이

2) 고기만 먹는 육식 동물로는 식육목 개과에 드는 늑대·승냥이, 족제비과의 족제비·무산흰족제비·수달이 있고, 고양이과 동물인 삵·스라소니·표범·호랑이가 있다. 육식 동물은 대체로 성질이 사납다. 풀이나 나무만 먹는 초식 동물로는 토끼목에 드는 멧토끼와 소목에 드는 고라니, 노루, 꽃사슴, 누렁이, 산양 따위가 있다. 대체로 성질이 순하다. 식물도 먹고 동물도 먹는 잡식성 동물로는 멧돼지, 오소리, 너구리, 곰, 쥐, 청설모, 다람쥐 따위를 들 수 있다. 반달가슴곰은 식물을 더 많이 먹는다. 쥐는 사람이 먹는 것은 거의 다 먹을 수 있다. 벌레를 주로 먹는 식충 동물로는 고슴도치, 두더지, 박쥐가 있다.
 육식 동물은 먹이를 잡는 방법이 조금씩 다르다. 늑대처럼 걸음이 빠른 동물은 먹잇감이 보이는 즉시 사냥을 한다. 삵이나 호랑이 같은 고양이과 동물은 숨어

있다가 갑자기 덤벼든다. 고양이과 동물은 먹이를 잡을 때 날카로운 발톱을 쓰기도 한다. 걸을 때는 발톱을 살 속으로 숨기고 걸어서 발톱이 무뎌지는 것을 막고, 사냥할 때 날카로운 발톱을 드러내어 먹이를 잡는다. 족제비는 쥐를 굴속까지 쫓아가서 잡기도 한다. 오소리는 땅을 파서 벌레를 찾아 먹고, 수달은 물속에서 헤엄 솜씨를 뽐내면서 물고기를 잡아먹는다.

늑대나 호랑이 같은 맹수가 사냥해서 먹고 남긴 것을 족제비과 동물이 와서 먹고, 그 다음에는 쥐가 와서 먹고, 그 뒤로는 개미 같은 벌레가 와서 먹는다.

3) 날다람쥐 Petaurista leucogenys : 생김새가 하늘다람쥐와 무척 비슷한데 몸길이가 두세 배나 더 길어 50cm쯤 된다. 날개막이 발달해서 목에서 앞발 발목을 거쳐 다시 뒷발 발목까지 그리고 종아리 아래께에서 꼬리 끝까지 모두 날개막으로 이어져 있다. 몸은 뚱뚱하고, 꼬리가 길어서 몸길이와 거의 같고 원통형이고 굵다. 귀가 크고 세모꼴이며 곧추선다. 귀 뒤에는 긴 털이 있다.

강원도 백운산이나 설악산에서 보았다는 소문은 있는데, 우리나라에서 사는지 안 사는지 정확히 알 수 없다.

발자국은 청설모 발자국과 비슷하다. 앞발 발가락은 네 개, 뒷발 발가락은 다섯 개다. 발가락이 가늘고 길며 발톱도 있다. 날다람쥐는 나무 위에서 살기 때문에 땅 위에서 발자국을 발견하기가 어렵다. 앞발 발자국 크기는 길이가 4cm, 너비는 3cm이다. 뒷발 발자국은 길이 7~8cm, 너비 3~3.5cm로 앞발보다 훨씬 크다. 땅에 내려오면 걷지 않고 멧토끼처럼 깡충깡충 뛰기만 한다.

4) 사향노루 Moschus moschiferus : 본디 사슴과 동물이었다. 사슴과 동물에게 있는 눈물샘이 없고, 사슴과 동물한테 없는 쓸개가 있어서 나중에 따로 사향노루과로 갈라졌다. 수컷 배꼽 밑에 사향주머니가 있다. 사향주머니 때문에 이름도 사향노루다. 향이 무척 진하다. 몸집은 노루나 고라니보다 훨씬 작다. 암수 다 뿔이 없다. 송곳니가 길어서 입 밖으로 나온 것이 고라니와 비슷하지만, 몸집이 더 작다. 암컷도 송곳니가 있지만 작아서 입술 밖으로 나오지 않는다. 머리는 작고 눈은 크고, 귀는 둥글고 곧추선다. 네 다리는 짧으나, 뒷다리가 길고 발달해서 엉덩이가 무척 높다. 덕분에 가파른 산도 잘 오른다. 발굽은 좁고 작지만 뒤에 있는 작은 발굽이 길어서 땅에 닿는다. 털색은 보통 짙은 갈색이고 조금 밝은 색 점이 희미하게 나타난다. 턱 밑과 목 옆과 귓속은 희다. 몸길이는 1m 미만에, 어깨 높이는 50cm,

몸무게는 8~10kg이다.

　사향노루 발은 두 발굽이 무척 좁고 길어서 길이가 너비의 세 배가 넘는다. 앞발 두 발굽은 거의 평행인데, 뒷발은 두 발굽이 특이하게 앞이 오므려져 있고 뒤가 벌어진다. 가끔 작은 발굽이 찍히기도 한다. 앞발이 뒷발보다 훨씬 작다. 앞발 발자국 크기는 길이가 4~6cm이고 너비가 2~3cm이다. 눈 위에서는 작은 발굽이 찍혀서, 발자국 길이가 8~10cm로 길어진다. 걸을 때 걸음 폭은 40~50cm쯤 된다. 2m 높이 절벽도 가뿐히 뛰어오르고, 단번에 3~4m 너비를 건너뛴다.

　사향노루는 사슴과 동물과 가깝지만 똥은 청설모 똥이나 쥐똥과 비슷하다. 물론 쥐똥보다 꽤 굵고 길쭉하다. 한 마리가 한곳에서 싼다. 늘 알 똥 수백 개가 한곳에 몇 무더기 모여 있는 것을 볼 수 있다. 똥 모양은 알 똥이라 할 수 있지만, 사슴 똥보다 가늘고 청설모 똥이나 쥐똥보다 굵고 길쭉하다. 똥 색깔은 검은색과 짙은 갈색이 많고 표면이 매끈하고 광택이 있다. 이끼를 많이 먹고 되새김질을 하기 때문에 똥에 거친 섬유가 없이 무척 부드럽다. 냄새도 거의 안 나고, 솔잎을 먹었을 때는 오히려 향긋한 솔향기가 난다. 똥 지름은 3~4mm이고 길이는 4~12mm이다. 길쭉한 똥에 동글동글한 똥도 많이 섞여 있다.

5) 걷는 방식으로 발자국을 가려내기도 한다. 걷는 방식에는 세 가지가 있다.

발바닥 걸음(척행성) : 걸을 때 발바닥 전부가 땅에 닿는 것을 발바닥 걸음이라고 한다. 사람 걸음걸이가 발바닥 걸음이다. 걸음걸이 가운데 가장 오래된 것이면서 또 가장 안정되었다. 발바닥 전부로 디디고 있으니 든든하게 서 있을 수 있고 몸의 균형을 잡기에도 좋다. 발바닥 걸음은 발바닥 못이 발달하고 발가락은 짧은 것이 특징이다. 천천히 걷기에 좋지 빨리 달리거나 껑충 뛰기에는 알맞지 않다. 발바닥으로 걷는 동물로는 곰과 멧토끼, 고슴도치나 두더지나 땃쥐 같은 식충 동물, 오소리 같은 족제비과 동물, 다람쥐와 청설모와 쥐 같은 쥐과 동물이 있다.

발가락 걸음(지행성) : 발바닥 전체가 아니라 발가락을 땅에 대고 걷는 것을 발가락 걸음이라고 한다. 발바닥 걸음보다 더 빨리 뛸 수 있다. 발가락뿐만 아니라 발바닥 앞부분도 땅에 닿는다. 사람도 걸을 때는 발바닥 걸음을 걸어서 발뒤꿈치가 먼저 땅에 닿지만 뛸 때는 발가락이 먼저 땅에 닿는다. 그리고 발바닥 전부가 미처 땅에 닿기 전에 다시 발가락을 떼어 내딛는다. 발가락 걸음을 걷는 동물은 발가락이 굵고 길어진 대신 발바닥 못은 작아졌다. 다른 동물을 잡아먹는 육식성 맹수들은 거의 다 발가락 걸음을 걷는다. 먹이를 잡으려면 날쌔게 달려야 하기 때문이다. 호랑이, 표범,

스라소니, 삵 같은 고양이과 동물과 늑대, 여우, 너구리 같은 개과 동물이 거의 다 발가락으로 걷거나 달린다.

발굽 걸음(제행성) : 발굽으로 걷는 걸음을 발굽 걸음이라고 한다. 발굽은 발톱이 변한 것이다. 발가락 걸음보다도 더 빨리 달릴 수 있는 걸음걸이로, 발가락 끝만 땅에 디디기 때문에 땅에서 가장 빨리 달릴 수 있게 되었다. 또 발굽은 발가락 살보다 훨씬 단단해서 강한 충격도 이겨 낼 수 있다. 맹수들의 공격에서 빨리 달아나야 하는 고라니나 노루 같은 초식 동물이 발굽 걸음을 한다. 멧돼지도 발굽으로 걷는데, 고라니나 노루와 달리 잡식 동물이고 힘도 세다. 산양은 고라니나 노루처럼 빨리 달리지는 못하지만, 발굽이 있어서 절벽같이 가파른 돌산을 곧잘 오르내린다.

6) 고슴도치 똥은 까맣고 한쪽 끝이 뾰족하다. 벌레를 좋아해서 똥에 벌레 껍질이 많이 들어 있다. 짐승 털이나 새털도 보이고 가을에는 열매 씨앗도 섞여 나온다. 크기는 길이가 3~4cm, 지름은 0.8~1cm이다.

7) 두더지 똥은 한쪽 끝이 뾰족하고 검은색이며 윤기가 있다. 지렁이와 벌레를 많이 먹어서 똥에 벌레 껍질이 들어 있다. 땅속에 있어서 똥을 보기 어렵다. 길이는 6~8mm, 지름은 2mm 안팎이다.

8) 땃쥐 똥은 쥐똥과 비슷한데 양 끝이 모두 뾰족하다. 검은색이나 짙은 갈색이다. 벌레를 많이 먹어서 똥에 벌레 껍질이 많이 들어 있다. 쓰러진 나무 밑이나 바위 아래에서 볼 수 있다. 길이는 4~6mm, 지름은 1~2mm이다.

9) 박쥐 똥은 구아노라고 한다. 약으로도 쓴다. 한쪽 끝은 뭉툭하고 다른 쪽 끝은 뾰족하다. 짙은 갈색이거나 검은색이다. 길이는 1~2mm, 지름이 1mm 안팎으로 쥐똥보다 작다. 내용물은 벌레 껍질과 벌레 눈알이 대부분이다. 박쥐 똥은 박쥐가 사는 동굴 바닥에서 무더기로 발견된다. 박쥐 똥은 동굴에서 사는 다른 동물의 먹이가 되기도 한다.

10) 하늘다람쥐와 날다람쥐도 청설모처럼 나무 위에서 산다. 노란목도리담비는 나무 위에서 살지는 않지만 나무를 곧잘 탄다. 표범과 반달가슴곰도 나무에 잘

올라간다. 불곰은 어릴 때만 나무에 오를 수 있고 다 크면 몸이 너무 무거워서
나무에 오르지 못한다. 청설모나 다람쥐 같은 작은 동물은 내려올 때 머리를 아래로
하고 내려오지만, 곰은 내려올 때 머리를 위로 하고 나무줄기를 안고 뒷걸음질쳐서
내려온다.

11) 청설모가 먹은 잣송이는 잣이 거의 한 알도 남아 있지 않다. 어쩌다 한두 개
남아 있는 것은 알이 없는 쭉정이다. 청설모는 잣알을 일일이 뽑아 보지 않고도
쭉정이인지 아닌지를 알아낸다.

12) 청설모는 높이가 3~10m 되는 늘푸른나무에서 두 번째나 세 번째 가지와 나무
줄기 사이에 둥지를 튼다. 마른 나뭇가지를 엇갈리게 쌓아 까치 둥지처럼 둥글게
집을 짓는다. 둥지 안쪽은 마른 나무껍질을 세로로 가늘게 찢은 것으로 촘촘하게
둘러친다. 바닥에는 마른 풀이나 털을 깐다. 날씨가 춥거나 새끼를 두고 먹이를
구하러 갈 때는 출입구를 막아 놓기도 한다. 둥지를 여러 개 가지고 있으면서 새끼가
다 자라면 둥지를 하나씩 내준다. 새끼들이 다 자라는 여름에는 둥지가 좁아질 뿐만
아니라 비가 많이 오고 습기가 차서 기생충이 많이 생긴다. 더는 한 방에 재울 수가
없다.
　　청설모 둥지는 까치 둥지와 비슷하게 생겼는데, 크기가 작아서 까치 둥지의
절반쯤 된다. 지름이 50cm 남짓 된다. 까치는 둥지를 나무 꼭대기에 짓고 가을에
잎이 지는 나무에도 곧잘 짓는다. 청설모는 겨울에도 잎이 지지 않는 늘푸른나무에
둥지를 틀고, 꼭대기가 아니라 나뭇가지와 나무줄기 사이에 둥지를 짓는다.

13) 청설모 똥은 쥐똥과 비슷한데 쥐똥보다 굵고 길쭉하다. 많을 때는 백 알이 넘는
똥이 낙엽 아래 소복하게 쌓여 있기도 한다. 똥 알은 지름이 5mm쯤이고, 길이는
5~10mm로 길쭉하다. 꼼꼼히 살펴보면 한쪽 끝은 평평하고 다른 쪽 끝은 뾰족하다.
색깔은 먹이에 따라 다른데 검은색과 갈색이 많다. 솔잎이나 가랑잎 밑에 묻혀
있어서 잘 안 보인다.

14) 겨울잠을 가장 깊게 자는 짐승이 다람쥐다. 그 다음이 오소리와 너구리와
곰이다. 고슴도치, 두더지, 박쥐도 겨울잠을 잔다.
　　고양이과 동물 모두 다, 오소리를 뺀 족제비과 동물, 너구리를 뺀 개과 동물이

겨울잠을 안 잔다. 쥐나 청설모도 겨울잠을 안 잔다.

다람쥐 똥은 동글동글한 작은 알 똥이다. 조금 길쭉한 것도 있다. 그리 굵지 않은 나무 밑이나 바위 옆에서 볼 수 있는데, 소복이 쌓여 있기도 하고 몇 알씩 흩어져 있기도 한다. 냄새가 안 나고 아주 깨끗하다. 똥 색깔은 도토리나 곡식을 먹고 눈 것은 검은색, 풀이나 나뭇잎을 먹고 눈 것은 녹색, 마른 풀을 먹고 눈 것은 갈색, 빨간 열매를 먹고 눈 것은 빨간색이다.

15) 하늘다람쥐는 발자국에 앞발 발가락이 네 개, 뒷발 발가락이 다섯 개 찍힌다. 발가락이 가늘고 길며 발톱이 있다. 땅에서는 걸을 줄 모르고 뛰기만 한다. 발자국은 청설모 발자국과 비슷하다. 하늘다람쥐는 제자리에서 곧장 나무 위로 날아오르기도 한다. 이때는 뒷발이 앞발 위에 놓여 앞발을 완전히 덮어 버린다. 앞발 발자국 크기는 3×2cm, 뒷발 발자국은 4×2.5cm이다. 걸음 폭은 15~20cm, 뛸 때 걸음 폭은 20~40cm이다.

하늘다람쥐 똥은 쥐똥과 비슷하다. 양 끝이 뭉툭하고 갈색이다. 지름은 2~3mm, 길이는 5~8mm이다. 나뭇가지나 나무 틈에서 발견된다.

16) 쥐는 젖먹이동물 가운데 가장 큰 무리로 전체 젖먹이동물의 3분의 1을 차지한다. 청설모나 다람쥐도 쥐 무리에 든다. 쥐는 토끼목과 가장 가까운데, 차이는 이빨에 있다. 쥐는 아래턱과 위턱에 앞니가 한 쌍씩 있다. 끌 모양으로 무척 날카롭게 생겼는데, 일주일에 2.7mm쯤 자란다. 자라는 만큼 이빨을 갈아 주어야 하기 때문에 쥐는 쉬지 않고 이것저것을 쏠거나 갉는다. 쥐와 달리 토끼는 위턱에만 앞니 두 쌍이 앞뒤로 가지런히 난다.

17) 등줄쥐 굴 : 등줄쥐는 물가만 빼고 산과 들에 걸쳐 널리 산다. 굴은 흙 언덕이 조금 있는 곳에 판다. 입구는 두세 개 있고 입구 지름은 3~4cm이다. 입구 앞에는 굴에서 파낸 조그만 흙무더기가 있다. 터널 지름은 5~6cm, 보금자리는 지름이 16~17cm로 넓고, 바닥에는 마른 풀을 잘게 썰어서 깐다. 굴 깊이는 여름에는 아주 얕고 겨울에는 1m쯤 된다. 먹이를 모아 두지 않아서 겨울에도 밖으로 나와 먹이를 찾으러 다닌다.

집쥐 굴 : 집쥐는 이름처럼 사람이 사는 집에서 많이 산다. 창고와 부엌에서 가장 많이 산다. 봄에 풀과 곡식이 자라고 가을에 곡식이 익으면 집쥐도 바깥으로 옮겨

가서 산다. 집 바깥에서 사는 쥐는 집에서 사는 쥐보다 구멍을 많이 만들어 놓는다. 집쥐 굴은 구조가 복잡하고 여러 갈래로 갈라진다. 깊이는 30cm에서 70cm에 이르고 터널 길이는 60cm에서 3m까지 있다. 입구는 두서너 개가 있는데 지름이 6~8cm이다. 안쪽에 자리한 보금자리는 보통 한 개인데, 바닥에 부드러운 솜이나 털이나 실 같은 것을 깐다. 모양은 공처럼 둥그렇고 지름이 20cm이다.

　집쥐는 경계심이 많다. 맛있는 미끼를 놓아 두어도 며칠 동안 그대로 둔 채, 한참 지켜본 뒤 조심스럽게 다가가서 먹는다. 위험을 느끼면 소리를 지르고 사납게 군다. 몸집이 크고, 세계 어느 나라에서나 다 산다.

생쥐 굴 : 생쥐도 사람이 사는 곳에서 같이 사는데 집뿐만 아니라 밖에서도 산다. 바닥 밑이나 벽 틈이나 천장에 굴을 만드는데, 몸집이 작고 힘이 약해서 굴이 단순하고 얕고 짧다. 단순한 임시 굴이 있고, 살림을 하고 새끼를 치는 굴이 따로 있다. 임시 굴은 입구도 하나이고, 여러 갈래로 갈라지지 않고 한 줄로 되어 있다. 입구 지름은 2~3cm이다. 새끼 치는 굴은 좀 더 깊은데, 그래도 1m를 넘지 않는다. 접시 모양으로 생긴 보금자리는 지름이 10cm이고 바닥에 마른 풀을 깐다. 입구는 두 개가 넘고, 지름이 3~4cm이며, 수직으로 공기 구멍이 하나 있다.

흰넓적다리붉은쥐 굴 : 흰넓적다리붉은쥐는 산에서 산다. 굵은 나무뿌리 밑이나 쓰러진 나무 밑이나 덤불숲에 굴을 판다. 굴 생김새는 등줄쥐 굴과 비슷하다.

사향쥐 굴 : 사향쥐는 물가에 커다란 풀 무더기 굴을 만든다. 지름이 1.5m나 되고 높이가 1m나 된다. 입구는 여름에는 물속에 있고 겨울이면 얼음 속에 있다. 입구 지름은 15~20cm이다. 습지에 가면 볼 수 있다.

18) 쥐똥은 작고 가늘고 길다. 대부분 갈색이나 검은색이고, 윤기가 없다. 먹이를 먹은 자리나 굴 입구나 굴속에 싼다. 똥 지름은 2~3mm가 많고, 5~6mm면 무척 굵은 편이다. 몸집이 큰 시궁쥐는 똥 길이가 10~17mm, 지름이 5~6mm이고, 몸집이 작은 생쥐는 똥 길이가 4~6mm이고, 지름은 2~3mm이다. 사향쥐는 푸른 풀을 많이 먹어서 똥 색이 풀색이다.

19) 멧토끼는 원래 쥐목에 속했는데, 쥐와 생김새나 사는 모습이 많이 달라서 토끼목으로 따로 갈라져 나왔다. 멧토끼와 쥐를 가르는 가장 큰 특징은 앞니다. 쥐는 앞니가 한 쌍이고 멧토끼는 두 쌍이다. 멧토끼의 앞니 두 쌍은 다른 동물과 달리 양

옆으로 나란히 놓이지 않고 앞뒤로 놓인다. 앞에 놓인 앞니가 퍽 크고 뒤에 놓인 앞니는 훨씬 작아서 잘 관찰해야 보인다. 토끼가 먹은 자리에는 앞에 있는 큰 이빨 자국이 남는다. 토끼 역시 쥐처럼 계속 자라는 이빨 때문에 평생 이를 갈아 주어야 한다.

20) 멧토끼는 뒷발이 앞발보다 4~5배 크다. 청설모나 다람쥐나 쥐도 뒷발이 앞발보다 훨씬 크다. 족제비와 수달은 뒷발이 앞발보다 조금 크다. 호랑이는 앞발이 뒷발보다 크다. 다른 동물들은 앞발 뒷발 크기가 비슷하다.

21) 참나무 숲에서 안방만 한 공간을 뒤진 자리가 있으면 너구리가 한 짓으로 보아도 좋다. 꿩이나 쥐도 가랑잎 더미를 잘 뒤지는데, 뒤진 자리가 한 줄로 좁게 나 있을 때가 많다. 고라니도 발굽으로 바닥을 곧잘 파헤치는데 한두 군데씩 찔끔찔끔 뒤지고 발굽 자국을 남긴다. 곰과 멧돼지는 훨씬 넓은 면적을 뒤지는데, 가랑잎 더미 아래 흙바닥이 나올 때까지 험하게 뒤진다.

22) 늑대 똥은 개똥과 비슷한데 더 굵고 길다. 길쭉한 덩어리 똥으로 한쪽 끝은 뭉툭하고 다른 쪽 끝은 뾰족하며 살짝 꼬여 있다. 짐승을 잡아먹기 때문에 똥에 털이나 뼈가 많이 들어 있다. 인산칼슘이 많아서 하얀 반점이 똥에 보이기도 한다. 똥 색은 처음에는 짙은 갈색이지만 차츰 잿빛으로 바뀐다. 자주 다니는 오솔길처럼 눈에 잘 띄는 곳에 싸서 똥으로 영역 표시를 한다. 모래를 모아 놓고 그 위에 똥을 누기도 한다. 예전에 늑대는 노루나 사슴 같은 소목 동물이나 작은 젖먹이동물을 주로 잡아먹고 살았다. 지금은 우리나라에서는 거의 사라졌다. 다른 나라에서도 살고는 있지만 수가 많이 줄었다. 먹을 것이 없어서 사람들이 밖에 놓아 기르는 집짐승을 잡아먹고 산다. 그래서 똥에서도 양 새끼나 송아지 털과 뼈 부스러기가 많이 나온다. 크기는 길이가 8~15cm, 지름이 2.5~3cm이다.

23) 승냥이 발자국은 늑대 발자국과 비슷하게 생겼는데 좀 작다. 똥도 늑대 똥과 비슷하다. 길쭉한 덩어리 똥이고, 검고 윤기가 있다. 양 끝이 뭉툭하다. 똥 냄새가 고약하다. 지름은 2.2cm이고, 길이는 7cm이다.

24) 여우 똥은 길쭉한 덩어리 똥이다. 똥구멍을 먼저 빠져나온 한쪽 끝은 뭉툭하고

나중에 나온 다른 쪽 끝은 뾰족하며 가운데는 조금 꼬여 있다. 여우는 쥐를 많이 잡아먹어서 똥에 쥐 털이나 뼈 부스러기가 많이 들어 있다. 철에 따라 식물 열매나 벌레를 먹으면 똥에 씨나 벌레 껍질이 나온다. 똥 냄새가 늑대 똥이나 너구리 똥보다 훨씬 고약하다. 번식기 때 누는 똥이 특히 더 구리다. 색깔은 먹은 것에 따라 검은색에서 회색까지 여러 가지다. 튀어나온 나무 밑이나 바위 위나 모래 위에 똥을 싸서 영역 표시를 한다. 똥 지름은 2cm, 길이는 6~10cm이다.

25) 반달가슴곰 겨울잠 : 반달가슴곰은 추운 겨울이 오기 전에 나무통이나 땅굴에 들어가서 겨울잠을 잔다. 겨울잠을 자러 가기에 앞서 가을에 먹이를 많이 먹고 몸에 지방을 충분히 저장해야 한다. 곰은 아무것도 먹지 않고 추위를 피해 잠만 자는 것이 아니라, 겨울잠을 자면서 추위를 이기고 암컷은 새끼를 낳고 젖을 먹여 두 달 넘게 키운다. 그래서 가을에 먹이를 충분히 먹는 것과 적당한 겨울잠 굴을 찾는 일이 반달가슴곰이 살아남는 데 가장 중요한 두 가지 필수 조건이다. 겨울잠을 잘 나무통은 침엽수든 활엽수든 아름드리로 굵고 속이 비어 있어야 한다. 사시나무나 잣나무나 굴참나무를 많이 찾는다. 적당한 나무통이나 굴을 찾지 못했을 때는 땅 위에 나뭇가지를 모아서 커다란 둥지를 틀고 내리는 눈을 맞아 가며 겨울을 나기도 한다. 겨울잠 잘 곳이 제대로 남아 있지 않은 것도 반달가슴곰이 멸종 위기에 처한 큰 이유다.

상사리 : 반달가슴곰은 가을에 엄청나게 먹어 댄다. 가장 즐겨 먹는 것은 도토리다. 도토리를 먹으려고 참나무에 자주 올라간다. 적당한 나뭇가지에 주저앉아 나뭇가지를 하나씩 꺾어 도토리를 따 먹고 빈 가지는 엉덩이 밑에 간다. 또 새 가지를 골라 손으로 잡아당겨 꺾어서 도토리를 따 먹는다. 이렇게 하루 종일 나무 위에서 가지를 꺾어서 엉덩이 밑에 깔다 보면 어느덧 지름이 1m가 넘는 커다란 새 둥지 같은 깔개가 생긴다. 이것이 상사리이다. 상사리는 오직 반달가슴곰만 만드는 것으로, 반달가슴곰이 사는 참나무 숲에서 쉽게 볼 수 있다. 상사리 수를 세어서 그 숲에 반달가슴곰이 몇 마리 살고 있는지 알아내기도 한다.

등 비비기 : 곰은 멧돼지처럼 나무에 대고 등을 비비는 것을 좋아한다. 뒷발로 일어서서 비빈다. 몸이 가려울 때나 기생충이 꼬이는 더운 여름에 많이 비빈다. 잣나무에 대고 등을 비비면 송진이 묻기도 한다. 여기에 흙을 묻히는데, 이것이 굳으면 모기나 등에나 벌 같은 것이 달라붙지 않는다.

26) 불곰은 반달가슴곰보다 훨씬 커서 똥 양도 더 많다. 한 번 누는 양이 2kg을 넘는다. 똥 색은 풀색이나 회색이나 검은색이다. 지름은 8~12cm이고, 길이는 먹은 양에 따라 많이 달라서 10~20cm에 이른다. 겨울잠에서 깨어나 처음 눈 똥은 길이와 너비가 7cm로, 단단해서 잘 깨지지 않고 까맣다. 겨울잠을 자는 굴 둘레에서 볼 수 있다.

27) 족제비는 뒷발 발자국이 찍힌 모양을 보고 암수를 구별하기도 한다. 오른발이 앞에 놓이고 왼발이 뒤에 놓이면 수컷이다. 두 발이 가지런히 놓이거나 왼발이 조금 앞에 놓이면 암컷이다. 또 발자국에서 두 발 사이 거리가 8cm가 넘으면 수컷이고, 두 발자국 사이 거리가 6cm가 못 되면 암컷이다. 그리고 발자국이 큰 것이 수컷이고, 작은 것이 암컷이다.

28) 무산흰족제비 똥은 족제비 똥보다 훨씬 더 가늘고 작다. 한쪽 끝은 뾰족하고 다른 쪽 끝은 뭉툭하며, 많이 꼬여 있다. 굴 옆이나 자주 다니는 길가에 싼다. 쥐 털과 뼈 부스러기가 거의 전부이고, 냄새가 고약하다. 지름은 0.2cm 안팎이고 길이는 3~5cm이다.

29) 동물들은 먹이를 찾거나 더위를 피하거나 집을 옮기거나 천적을 피하려고 물을 찾거나 강을 건넌다. 수달은 물을 떠나서는 살 수 없다. 그래서 보금자리도 늘 물가에 있다. 고라니도 물을 좋아한다. 수달이나 곰이나 밍크는 강에서 물고기를 잡는다. 수달과 밍크는 물속에 자맥질해 들어가서 먹이도 잡고 물속에서 앞으로 나아가기도 한다. 곰이나 고라니나 집쥐나 호랑이는 자맥질은 못 하고 머리를 물 밖에 두고 개헤엄을 친다. 그래도 폭이 100m가 넘는 강을 거뜬히 건너간다. 더운 여름이면 호랑이나 곰은 몸을 물속에 한참 동안 담근 채 더위를 피하기도 한다.
　늑대나 여우, 너구리, 오소리, 담비, 무산흰족제비는 물속에 들어가지 않고 물가를 거닐거나 물이 고인 웅덩이를 찾아서 물을 마신다. 물에 잘 안 들어가는 동물로는 멧토끼나 땃쥐, 다람쥐, 청설모, 하늘다람쥐 들을 들 수 있다. 표범은 물을 싫어하면서도 헤엄은 칠 줄 안다. 멧돼지는 더위를 피하거나 벌레가 못 달라붙게 하려고 물구덩이를 찾아 진흙 목욕을 한다. 누렁이는 발정기 때 물구덩이를 찾는다.

30) 수달 굴은 반드시 물가에 있는데, 물가 바위 틈새나 나무 틈새에 있다. 굴 입구는

물속에서 시작되거나 물보다 조금 위에 있다. 물이 높아지면 물에 잠기기도 한다. 수달 굴 둘레에는 물고기 뼈가 여기저기 흩어져 있기도 하고 물고기 썩는 냄새가 나기도 한다.

31) 노란목도리담비 똥은 길쭉한 똥으로, 한쪽 끝은 뭉툭하고 다른 쪽 끝은 뾰족하다. 똥이 꼬이지 않고 미끈하다. 족제비 똥보다 조금 더 굵고 끈끈하고 윤기가 있다. 색깔은 검거나 푸른빛이 도는 갈색이다. 털과 뼈 부스러기가 많이 들어 있다. 지름은 0.8~1.8cm, 길이는 4.5~10cm로 차이가 크다. 오솔길이나 바위 위 같은 데에서 쉽게 발견되는 것을 보면 영역 표시가 틀림없다.

32) 스라소니 똥은 고양이 똥과 비슷한데 훨씬 크다. 양 끝이 다 뾰족한데 한쪽 끝이 더 뾰족하다. 거의 꼬이지 않고 미끈하다. 털과 뼈 부스러기가 많이 들어 있다. 똥 색은 검은색이다. 지름은 2cm 안팎이고 길이는 6~12cm로 차이가 심하다. 똥을 흙이나 눈으로 잘 덮어 두는 습성이 있어서 발견하기가 어렵다.

33) 표범 발자국은 숲속에서 많이 볼 수 있다. 호랑이와 달리 강가나 강줄기에서는 보기 힘들다. 걸을 때 발자국이 한 줄로 이어지고 뒷발이 정확히 앞발 자리에 놓인다. 호랑이보다 날씬해서 뛰어오르는 속도가 무척 빠르고 날렵하다. 3m 높이 절벽도 가볍게 넘는다. 나무에도 곧잘 오르고 내려올 때는 머리를 아래로 향한다. 머리를 아래로 향하고 나무에서 내려온다는 것은 나무를 자유자재로 잘 탄다는 뜻이다. 호랑이도 펄쩍 뛰면 나무에 2~3m쯤은 오를 수 있으나 표범처럼 한 발 한 발 나무에 오르는 것은 못 한다. 새 가운데에서는 동고비가 머리부터 내려올 줄 안다.

높은 산꼭대기에서도 표범 발자국이 발견된다. 평소에는 걸음을 슬렁슬렁 천천히 걷는 듯하다가 먹잇감을 일정한 거리에 두고는 쏜살같이 달려드는데 속도가 시속 60km를 넘기도 한다. 활동 범위는 변화가 크다. 보통 25km 안에서 활동하는데, 하루에 75km를 넘나들기도 한다.

표범 똥은 길쭉한 덩어리 똥으로 몇 토막이 하나로 이어져 있다. 먼저 나오는 한쪽 끝은 뭉툭하고 다른 끝은 무척 가늘고 길어서 뾰족한 털 모양이다. 시간이 지나면 똥이 마디마디로 쉽게 갈라진다. 똥에 털과 뼈 부스러기가 많이 들어 있다. 똥 색은 검은색이 많다. 굵기는 3cm 안팎이고 길이는 10~15cm이다.

34) 예전에 사람들은 호랑이를 '범'이라고 했다. 몸에 줄이 있으면 범(호랑이), 둥글둥글한 반점이 있으면 표범이다. 호랑이는 흔히 '어흥' 하고 우는 것으로 알려져 있으나 실제로는 '따웅' 소리에 가깝다. '범'이라는 이름도 호랑이 울음소리가 '버엄'으로 들리기도 해서 지어졌다고 한다.

호랑이는 중국에 열 마리쯤 살고 있고 러시아에는 300마리쯤 살고 있어서 북녘에 사는 얼마 안 되는 호랑이가 멸종되지 않고 명맥을 이어 간다. 호랑이 한 종이 100년쯤 살아남으려면 적어도 50마리가 필요하다.

중국이나 러시아에서는 야생 짐승이 줄어들자 호랑이가 마을에 내려와서 말이나 소나 돼지 같은 집짐승을 잡아먹는다고 한다. 한 마리 잡아서는 1~2km 떨어진 곳에 가져가서 뜯어 먹는데, 한 번에 다 먹지 않고 며칠 동안 여러 차례 나누어서 먹는다.

호랑이는 사람을 공격하기보다 먼저 피한다. 러시아 시베리아에서 낸 통계에 따르면 호랑이와 인간이 545차례 만났는데, 이 가운데 단 한 번만 정면으로 만난 것이다. 열아홉 차례는 사람이 호랑이 소리를 들은 것일 뿐이고, 그 밖에는 다 호랑이가 인기척을 느끼고 먼저 피한 것이라고 한다.

몸집이 큰 맹수인 호랑이나 표범이나 스라소니는 사람과 멀리 떨어져 깊고 큰 산에서 산다. 늑대나 여우, 삵, 너구리, 오소리는 깊은 산속보다는 산 가장자리를 많이 쏘다닌다. 사람이 사는 마을에 내려와서 집짐승을 잡아먹기도 하고 음식 쓰레기 더미를 뒤지기도 한다. 족제비는 산에서도 살고, 논밭이나 마을 둘레에서도 산다. 멧돼지나 노루나 고라니도 산에서 산다. 멧돼지는 덩굴이 우거진 풀숲을 헤치고 다니고, 노루는 전망이 트인 숲을 좋아한다. 고라니는 물을 좋아해서 물과 가까운 산 아래쪽 풀숲을 많이 찾는다. 산양과 사향노루는 높은 산 바위가 많은 꼭대기에서 산다.

35) 호랑이는 다른 종과 달리 발자국 너비를 잴 때 발가락까지 안 재고 발바닥 못 너비만 잰다. 호랑이 수컷은 앞발 발자국 길이가 15cm이고 발바닥 못 너비는 11cm이다. 암컷은 앞발 발자국 길이가 13cm, 발바닥 못 너비는 10cm이다. 수컷 앞발이 각각 2cm에서 1cm가 크다. 뒷발 발자국은 수컷이 14cm, 발바닥 못 너비는 10cm, 암컷은 길이가 13cm, 발바닥 못 너비는 9.5cm여서 차이가 단 1cm밖에 안 된다. 발자국으로 수컷인지 암컷인지 알아내려면 앞발을 잘 재는 것이 중요하다.

발자국은 발가락, 발톱과 발바닥 못을 함께 재므로 변화나 오차가 클 수 있어서 발바닥 못 하나만 재는 것이 더 정확하다. 실제로 어른 호랑이와 새끼 호랑이를 가려 낼 때 발바닥 못만 재도 된다. 수컷은 발바닥 못 너비가 한 살에서 네 살까지는 9cm이고, 5~6살이면 10cm, 다 크면 11cm이다. 암컷은 한 살 아래면 7cm이고 3~5살이면 8cm가 넘고, 6살이 넘으면 9~9.5cm까지 이른다. 표범과 스라소니 발자국도 비슷한데 몸집이 작듯이 발자국도 작다. 다만 몸 크기처럼 차이가 그렇게 뚜렷하지 않아서 잘 재고 견주어 봐야 한다. 호랑이 발자국은 거의 동그란데, 표범 발자국은 타원형이다. 크기도 9×7cm로 호랑이보다 훨씬 작고 발바닥 못 아래쪽이 움푹 파인다. 스라소니는 표범보다 더욱 작아서 발자국 크기가 6.5~7.5cm인데 발자국 모양은 호랑이와 비슷하다.

이렇게 발자국 크기 차이로 호랑이, 표범, 스라소니를 가려내기도 하는데 다만 진흙이나 눈이 1~2cm 쌓인 곳에서는 괜찮지만, 10cm가 넘게 눈이 쌓이면 크기가 1~2cm에서 2~3cm 커지는 것은 보통이고, 재는 사람도 자를 대고 읽는 법이 저마다 달라서 1~2cm 바뀌는 것은 흔한 일이다. 눈이 더 깊게 쌓이면 크기 변화가 더욱 심하다. 그렇더라도 눈 위에서 크기가 18cm가 넘는 발자국을 발견했다면 그것은 호랑이일 가능성이 높다. 본디 발자국 크기가 13~15cm인 호랑이만이 깊은 눈에서 그렇게 크게 찍힐 수 있기 때문이다. 표범은 10cm 발바닥 못이 아무리 크게 찍혀도 18cm까지는 안 된다.

호랑이는 걸을 때 곧바로 가는 것을 좋아하고 갑자기 방향을 바꾸는 것을 싫어한다. 흔히 강줄기나 산 능선을 따라 움직이고 하루에 15~20km 공간에서 활동한다. 때로 40~50km는 물론 100km까지도 어렵지 않게 넘나든다. 발자국은 보통 한 줄로 나 있고 뒷발은 정확히 앞발 위에 놓인다. 평지에서도 멀리 뛰면 한 번에 5~7m를 뛰기도 하고, 2m 높이 절벽을 껑충 뛰어오르는가 하면 아래로 뛰어내릴 때는 4~5m는 물론 10m 절벽도 아랑곳하지 않는다.

호랑이 똥은 소시지처럼 생긴 길쭉한 덩어리 똥이다. 한쪽 끝은 뭉툭하고, 다른 쪽 끝은 뾰족한데 꼬리털처럼 가늘지는 않다. 긴 똥은 마디마디로 쉽게 갈라진다. 똥이 많아서 한번 눌 때 1kg쯤 된다. 검은색이 많고 시간이 지나면 갈색으로 변한다. 호랑이는 멧돼지나 사슴 종류를 많이 잡아먹고 가을에는 달고 시큼한 산열매도 먹는다. 똥 내용물은 짐승 털과 뼈 부스러기가 많고, 열매를 먹었을 때는 씨가 많이 나온다. 냄새는 그리 고약하지 않다. 지름은 4~5cm이고, 길이는 8~20cm로 차이가 아주 크다.

36) 멧돼지는 집이 따로 없다. 한곳을 정해 두고 잠을 자지 않는다. 새끼를 칠 때만 산속 풀숲이나 관목이 우거진 곳을 골라, 풀을 마구 뜯어 모아서 커다란 보금자리를 만든다. 새끼 낳기 바로 전에 둥지를 만들고, 새끼 낳고 나서 새끼가 걸을 만하면 둥지를 버리고 떠난다. 보통 새끼 낳고 일주일쯤 되면 둥지를 떠난다. 오랫동안 쓰지 않고 며칠만 쓰기 때문에 사람이 찾아낸 보금자리는 늘 비어 있다.

37) 멧돼지는 털이 적은 편인데도 살갗 아래 지방층이 두툼해서 추위를 잘 견딘다. 하지만 더위는 잘 못 견딘다. 무더운 여름이면 산속 개울가나 고인 물웅덩이를 찾아 진흙 목욕을 한다. 진흙 구덩이에서 한바탕 뒹굴고 나면 몸에 붙은 기생충도 없어지고 피를 빨아 먹는 곤충도 달라붙지 않는다. 이런 진흙 목욕탕은 한눈에 알아볼 수 있는데, 크기를 보고 어린 녀석이 다녀갔는지 다 큰 멧돼지가 다녀갔는지 알 수 있다. 진흙 목욕탕 둘레를 살펴보면 멧돼지가 목욕하고 나서 몸을 비빈 나무도 찾아볼 수 있다. 신기한 것은 멧돼지가 맑은 물웅덩이에는 들어가지 않는다는 점이다.

38) 고라니는 앞발 발자국에 작은 발굽이 찍힐 때도 있고 안 찍힐 때도 있다. 멧돼지는 앞발 뒷발 모두 발자국에 작은 발굽이 반드시 찍힌다. 멧돼지도 새끼 때는 작은 발굽이 찍히지 않아서, 고라니 발자국과 헷갈릴 때가 있다.

　멧돼지는 발자국 찍힌 모양이 뒤가 넓은 사다리꼴이고, 고라니나 노루 같은 사슴과 동물은 네모꼴이다. 발굽 크기만 가지고 멧돼지와 이들을 가려낼 수도 있다. 멧돼지는 발자국 길이와 너비가 5~6×8~11cm이고(작은 발굽을 포함하면 길이 13cm), 노루는 6×3.5cm, 고라니는 더욱 작아서 5×4cm이므로 쉽게 가려낼 수 있다.

39) 산양 똥도 고라니 똥과 비슷한데, 산양 똥은 언제나 공동변소에 무더기로 쌓여 있어서 가려낼 수 있다. 또한 사는 곳이 달라서 똥을 발견한 장소를 보고 누구 똥인지 가려내기도 한다. 산기슭이나 들판은 고라니, 좀 더 깊은 산속이면 노루, 높은 산 바위 지대 가까운 곳에 있는 똥이면 산양 것이다.

40) 노루 뿔은 보기 좋게 대칭을 이룬다. 길이가 30cm 안팎으로 길고 세 가지로 갈라지며 뿔 아래쪽에는 돌기가 많다. 노루 뿔은 해마다 떨어지고 이듬해 더 큰 뿔이

새로 돋아난다. 11~12월에 뿔이 떨어지고 이듬해 1~2월에 새 뿔이 돋기 시작한다. 발정기인 8~9월에는 수컷끼리 뿔싸움을 한다. 나무에 뿔을 비벼서 뿔을 매끄럽게 하고, 나무에는 뿔 비빈 자국을 남긴다. 뿔이 날카로워서 나무줄기에 깊은 홈을 파 놓기도 하는데, 이것은 자기 땅임을 알리는 영역 표시이기도 하다.

41) 노루는 한곳에 자리를 잡고 산다. 흔히 5~8마리씩 작은 무리를 지어 1~2km쯤 되는 그리 크지 않은 지역을 차지하고서 꽤 오랜 시간을 지낸다. 노루가 누운 자리는 두 가지로, 하나는 밤을 지낸 자리이고 다른 하나는 낮에 잠시 쉬거나 되새김질을 한 자리이다. 잠자리는 오랫동안 누워 있어서 풀이나 낙엽이 눌려 있고 옆에 똥이 무더기로 있을 때가 많다. 잠시 쉰 자리는 크기가 좀 작고 풀도 그렇게 많이 눌려 있지 않고 옆에 똥도 없다. 겨울에는 눈을 깨끗이 파헤치고 잠자리를 만들기 때문에 맨땅이 드러나 보인다. 노루는 무리를 지어 살기 때문에 잠자리도 한곳에 여러 개를 낸다.

42) 꽃사슴 똥은 동글동글한 알 똥이다. 한쪽 끝은 뾰족한 돌기가 있고 다른 쪽 끝은 자른 듯이 뭉툭하고 옴폭 파인다. 여름에는 알 똥들이 뭉쳐서 이루어진 큰 덩어리 똥을 누기도 한다. 똥은 까맣거나 짙은 갈색이고 윤기가 돈다. 냄새는 거의 없다. 크기는 1.7~2×1.1cm이다.

43) 누렁이가 먹은 자리는 높이가 120~160cm나 되어 사슴과 동물 가운데 가장 높은 위치에 있고, 뜯어 먹은 나뭇가지도 굵은 편이다. 뜯어 먹은 자국은 노루 것과 비슷하다.

누렁이 잠자리는 산 능선이나 바람이 없는 양지쪽 산비탈 오목한 곳에 많다. 노루 잠자리와 비슷한데 자리가 훨씬 커서 길이 150~180cm에 너비는 50~80cm이다. 겨울에는 눈 위에 그대로 눕기 때문에 눈이 녹아 있다. 눈을 깨끗이 치우고 자는 노루와 구별된다. 잠자리 옆에는 한 무더기 똥과 오줌 자국이 있다.

누렁이 똥은 누가 보아도 사슴과 동물의 알 똥이라는 것을 알 수 있다. 누렁이가 덩치가 크다 보니 똥도 사슴과 동물 가운데 가장 굵다. 조금 길쭉한데, 한쪽 끝은 자른 듯이 뭉툭하며 오목 파여 있고, 다른 쪽 끝은 작은 돌기가 뾰족하게 나 있다. 수컷 똥이 더 크고 한쪽 끝이 더 움푹 파인다. 갓 눈 똥은 검고 윤기가 흐른다. 잠자리 옆에 한 무더기 쌓여 있고, 발자국 옆에도 몇 알씩 흩어져 있다. 똥 지름은

1.3~1.8cm, 길이는 2~3cm이다. 알이 커서 다른 사슴과 동물 똥과 헷갈리지 않는다.

　9~10월이면 수컷 누렁이는 발정기다. 흥분해 있는 상태라 거의 먹지도 않고 온 산을 쏘다니며 암컷을 찾아다닌다. 이때 적당한 곳을 찾아 뿔로 땅을 움푹하게 파헤치고 발굽으로 긁어 접시 모양의 커다란 웅덩이를 만든다. 웅덩이에 축축한 흙이 나타나거나 물이 스며 나오면 그 속에 들어가 온몸을 비비고 뒹군다. 거기에 오줌도 싸고 정액도 뿌려 놓는다. 마구 밟고 헤집으면서 진흙을 사방으로 흩뜨리기도 한다. 그러면 먼 데서도 맡을 수 있을 정도로 고약한 냄새가 멀리까지 퍼진다. 이 냄새 때문에 암컷이 찾아오거나 발정을 하게 된다. 이렇게 뒹군 자리는 몇 해째 되풀이해서 쓰기도 한다. 전에 썼던 웅덩이를 다시 쓰지 않고 가까이에 새 웅덩이를 파기도 한다.

44) 산양은 앞발굽이 많이 벌어지는 고라니와 달리 뒷발굽이 많이 벌어진다. 몸의 무게 중심이 뒤에 있기 때문이다. 실제로 뒷발만 딛고 설 수 있고, 뒷발만 디딘 채로 나뭇잎을 곧잘 뜯어 먹는다.

45) 산양이 뿔로 비빈 자리는 정확하게는 뿔 사이로 비빈 자리다. 그래서 굵기가 얼마 안 되는 가는 나무에 주로 그런 흔적이 나 있다. 나무 지름이 2cm 안팎이고, 더 굵다고 해도 지름이 3cm를 넘지 않는다. 산양 뿔은 노루처럼 갈라지지 않고, 한번 돋아나면 평생 떨어지지 않는다. 해마다 뿔 아래쪽에 주름이 층층이 생겨서, 주름을 보고 나이를 가늠하기도 한다. 수컷은 뿔이 활처럼 뒤로 휘고, 암컷 뿔은 곧추서다가 끄트머리만 뒤로 휜다.

46) 맹금류는 매나 수리나 부엉이처럼 성질이 사납고 고기를 먹는 새를 말한다. 몸과 날개가 크고, 사냥하기 좋게 부리와 발톱이 억세고 날카롭다. 살아 있는 새나 작은 짐승을 잡아먹고, 죽은 동물도 먹는다.

47) 참새목에 속하는 작은 새 발자국은 쥐 발자국과 비슷해서 헷갈릴 수 있다. 이때는 우선 발자국을 따라가면서 발자국이 시작된 곳과 끝난 곳을 찾아본다. 쥐 발자국은 언제나 굴에서 시작되어 땅에 있는 눈구멍 속으로 사라진다. 이와 달리 새는 하늘에서 내려앉고 하늘로 날아오르기 때문에 발자국이 시작도 끝도 없이

불쑥 나타났다가 갑자기 사라지는 것이 특징이다. 그리고 새는 땅으로 내려앉을 때 몸이 닿아서 움푹 팬 자리가 있을 수 있고, 날아오를 때 날개가 눈을 치고 간 자리가 남아 있기도 한다.

그 다음으로 발가락 수와 위치를 살펴본다. 발가락이 다섯 개이면 쥐이고 발가락 세 개가 앞으로 나 있고 하나는 뒤쪽으로 나 있거나 없으면 새다. 발가락 두 개는 뒤로, 다른 두 개는 앞으로 나 있는 딱따구리나 물총새는 눈 위에 내려올 일이 없다. 땅에 좀체로 내려앉지 않기 때문이다. 또 물총새는 여름 철새여서 겨울에는 볼 수 없다.

뒤로 뻗은 발가락이 찍혔는가 안 찍혔는가에 따라 새를 가리기도 한다. 백로나 왜가리, 두루미, 황새는 얕은 물가에서 걸어 다니면서 물고기나 벌레를 잡아먹는데, 모두 날개가 크고 강하며 다리와 목과 부리가 가늘고 길다. 왜가리는 뒤로 난 발가락이 길고 가늘며 앞의 가운데 발가락과 거의 일직선을 이룬다. 황새는 뒤로 난 발가락이 점 모양으로 가운데 발가락 뒤에 조금 떨어져서 찍힌다. 두루미는 뒤로 난 발가락이 아예 안 찍힌다.

앞으로 뻗은 발가락 세 개가 이루는 각도로 새를 가려낼 수도 있다. 참새류는 발자국 폭이 60도가 안 되게 좁게 나타나고, 기러기와 오리류는 70~80도, 꿩은 90~100도, 왜가리는 120도 안팎, 두루미는 160도 안팎으로 폭이 넓게 나타난다.

 48) 새의 소화액은 산성이 아주 강해서 웬만한 뼈는 다 소화시킨다. 뼈에 들어 있던 칼슘 때문에 새똥에 허연 것이 많이 묻어 나오는데, 이 흰 것이 오줌이다. 물고기를 통째로 삼키는 왜가리도 똥에 물고기 가시가 남아 있지 않고, 묽은 흰 똥만 싼다. 가시가 완전히 소화되어 흔적도 없이 녹아 버린 것이다.

참고한 책

《동물원색도감》(김리태 외, 과학백과사전출판사, 1982, 평양)
《동물의 세계》(금성청년출판사, 1981, 평양)
《박쥐》(손성원, 지성사, 2001)
《사라져가는 한국의 야생동물을 찾아서》(김연수, 당대, 2003)
《세밀화로 그린 보리 어린이 동물 도감》(보리출판사, 1998)
《야생 동물》(윤명희, 대원사, 1992)
《우리가 사체를 줍는 이유》(모리구치 미츠루 지음, 박소연 옮김, 가람문학사, 2004)
《우리나라 동물》(과학지식보급출판사, 1963, 평양)
《우리나라 위기 및 희귀 동물》(MAB National Committee of DPR Korea, 2002, 평양)
《저 푸름을 닮은 야생동물》(유병호, 다른세상, 2000)
《조선짐승류지》(원홍구, 과학원출판사, 1968, 평양)
《조선 포유류 도설》(원홍구, 과학원출판사, 1955, 평양)
《한국동식물도감 제7권 동물편 포유류》(문교부, 1967)
《한국동물명집》(곤충 제외)(한국동물분류학회, 아카데미서적, 1997)
《한국야생동물기》(이상오, 박우사, 1959)
《한국의 새》(이우신 외, 엘지상록재단, 2000)
《한국의 포유동물》(원병오 외, 동방미디어, 2004)

《日本の哺乳類》(小宮輝之, GAKKEN, 2002)
《足跡圖鑑》(子安和弘, 日経サイエンス社, 1993)
《中國痕迹指南》(馬世來 外, 中國林業出版社, 2001)
Animals of Britain, Reader's Digest Association Ltd., 1984, UK
Animal Tracks, Miroslav Bouchner, Silverdale Books, 2000, UK
Animal Track, Peterson Field Guides, Olaus J. Murie, 1982, USA
Animal Tracks and signs, Preben Bang, Oxford Univ. Press, 2001, USA
Animal Tracks of the Rockies, Ian Sheldon, Lone Pine Publishing, 1997, Canada
Animals: Tracks, Trails & Signs, Hamlyn Publishing Group, 1992, UK
Mammals of Britain & Europe, Collins Field Guide, HarperCollins Publishers, 1993, UK
Tracks & Signs of the Birds of Britain & Europe, Christopher Helm, 2003, UK
Animaux en Hiver, Gallimard Jeunesse, 2004, France
100 Traces et Empreintes Faciles á Voir, Bernard Loyer, Nathan, 2000, France
Les Traces D'Animaux, Jacques Morel, Delachaux & Niestlé, 1991, France
Co v přírodě nevidíme, Miroslav Bouchner, Granit, 1995, Czech Republic
PTÁCI BEZ HRANIC, M. Bouchner, Granit, 1997, Czech Republic

참고한 인터넷 홈페이지
http://www.yasomo.net (야생동물소모임)

학명 찾아보기

A
Accipiter gentilis 참매 206
Aegypius monachus 독수리 205
Anas crecca 쇠오리 197
Anas platyrhynchos 청둥오리 196
Anser fabalis 큰기러기 191, 204
Apodemus agrarius 등줄쥐 58, 60
Apodemus peninsulae 흰넓적다리붉은쥐 60
Ardea cinerea 왜가리 193

B
Bubo bubo 수리부엉이 206

C
Calidris alpina 민물도요 201
Canis lupus 늑대 94
Capreolus pygargus 노루 166
Cervus elaphus 누렁이 176
Cervus nippon 꽃사슴 174
Chiroptera 박쥐목 40
Cinclus pallasii 물까마귀 198
Crocidura lasiura 땃쥐 38
Cuon alpinus 승냥이 96

D
Dendrocopos major 오색딱따구리 210

E
Egretta alba 중대백로 194
Emberiza elegans 노랑턱멧새 200
Eothenomys regulus 비단털들쥐 61
Erinaceus amurensis 고슴도치 32

F
Falco tinnunculus 황조롱이 206
Felis bengalensis 삵 132
Felis lynx 스라소니 140

H
Hydropotes inermis 고라니 156

L
Lepus coreanus 멧토끼 72
Lutra lutra 수달 118

M
Martes flavigula 노란목도리담비 126
Meles meles 오소리 128
Moschus moschiferus 사향노루 217
Motacilla lugens 백할미새 201
Muridae 쥐과 58
Mustela nivalis 무산흰족제비 114
Mustela sibirica 족제비 106
Mustela vison 밍크 113

N
Nemorhaedus caudatus 산양 178
Nyctereutes procyonoides 너구리 84

P
Panthera pardus 표범 142
Panthera tigris 호랑이 144
Paradoxornis webbianus 붉은머리오목눈이 210
Petaurista leucogenys 날다람쥐 217
Phasianus colchicus 꿩 192, 202
Phoenicurus auroreus 딱새 203
Pipistrellus abramus 집박쥐 40
Pteromys volans 하늘다람쥐 56

R
Rattus norvegicus 집쥐 61

S
Sciurus vulgaris 청설모 42
Soricidae 첨서과 38
Sus scrofa 멧돼지 146

T
Talpa mogera 두더지 34
Tamias sibiricus 다람쥐 52

U
Ursus arctos 불곰 104
Ursus thibetanus 반달가슴곰 100

V
Vulpes vulpes 여우 98

가나다 찾아보기

* 이렇게 찾아보세요.
  고라니 156 : 고라니는 156쪽에 있습니다.
  머저리범 ▶ 스라소니 140 : 머저리범은 140쪽 스라소니를 찾아보세요.

가

개 ▶ 집짐승 13
개과 14, 15
　▶ 너구리 84, 늑대 94,
　　승냥이 96, 여우 98
고라니 156
고라이 ▶ 고라니 156
고래이 ▶ 고라니 156
고랭 ▶ 고라니 156
고순도치 ▶ 고슴도치 32
고슴도치 32
고슴도치과 15
고슴돛 ▶ 고슴도치 32
고양이 ▶ 집짐승 13
고양이과 14, 15
　▶ 삵 132, 스라소니 140,
　　표범 142, 호랑이 144
곰 ▶ 반달가슴곰 100
곰과 14, 15
　▶ 반달가슴곰 100,
　　불곰 104
관박쥐과 15
그스리 ▶ 고슴도치 32
까투리 ▶ 꿩 192
꽃사슴 174
꿩 192, 202

나

날개막 ▶ 박쥐 41
　　▶ 하늘다람쥐 57

날다람쥐 15, 217
너구리 84
너우리 ▶ 너구리 84
넉구리 ▶ 너구리 84
넉다구리 ▶ 너구리 84
노란목도리담비 126
노랑턱멧새 200
노루 166
노리 ▶ 노루 166
놀가지 ▶ 노루 166
놀개이 ▶ 노루 166
놀기 ▶ 노루 166
누렁이 176
늑대 94

다

다람쥐 52
다람쥐과 15
　▶ 청설모 42, 다람쥐 52,
　　하늘다람쥐 56
다래미 ▶ 다람쥐 52
담부 ▶ 노란목도리담비 126
담비 ▶ 노란목도리담비 126
대륙사슴 ▶ 꽃사슴 174
도요새 ▶ 민물도요 201
독수리 205
돈점배기 ▶ 표범 142
돼지 ▶ 집짐승 13
되새김질 ▶ 고라니 160
　　▶ 노루 167

　　▶ 산양 179, 180,
　　　182
두더쥐 ▶ 두더지 34
두더지 34
두더지과 15
두돼지 ▶ 두더지 34
두디쥐 ▶ 두더지 34
뒤지기 ▶ 두더지 34
등줄쥐 58, 60, 221
딱따구리 208, 209
　▶ 쇠딱따구리 213
　▶ 오색딱따구리 210
딱새 203
땃쥐 38
땅곰 ▶ 오소리 128
뛰는쥐과 15

마

말사슴 ▶ 누렁이 176
말승냥이 ▶ 늑대 94
맹금류 ▶ 새 190, 231
머저리범 ▶ 스라소니 140
먹이주머니 ▶ 다람쥐 53
멧대지 ▶ 멧돼지 146
멧도야지 ▶ 멧돼지 146
멧돗 ▶ 멧돼지 146
멧돼지 146
멧돼지과 15
멧밭쥐 68
멧비둘기 213

235

멧토끼 72
멧토끼과 15
무산쇠족제비
  ▶ 무산흰족제비 114
무산흰족제비 114
물까마귀 198
민물도요 201
밍크 113

바
박쥐 40
박쥐목 13, 15
박지 ▶ 박쥐 40
반달가슴곰 100
반달곰 ▶ 반달가슴곰 100
발바닥 못 18, 19
발바닥 패드 ▶ 발바닥 못
                   18, 19
백두산사슴 ▶ 누렁이 176
백로 ▶ 중대백로 194
백할미새 201
범 ▶ 호랑이 144
보노루 ▶ 고라니 156
복작노루 ▶ 고라니 156
복쥐 ▶ 박쥐 40
볼제비 ▶ 다람쥐 52
불곰 104
붉은머리오목눈이 210
붉은사슴 ▶ 누렁이 176
비단털들쥐 61, 71
빡쥐 ▶ 박쥐 40
뿔쥐 ▶ 박쥐 40

사
사슴 ▶ 꽃사슴 174
사슴과 15
  ▶ 고라니 156, 노루 166,
    꽃사슴 174,
    누렁이 176
사향노루 15, 217
사향노루과 15
산돼지 ▶ 멧돼지 146
산양 178
산토끼 ▶ 멧토끼 72
살가지 ▶ 삵 132
살개이 ▶ 삵 132
살기 ▶ 삵 132
살쾡이 ▶ 삵 132
삵 132
상사리 ▶ 반달가슴곰 101,
                 224
새앙쥐 ▶ 다람쥐 52
서생원 ▶ 쥐 58
설치목 ▶ 쥐목 14, 15
소 ▶ 집짐승 13
소과 15
  ▶ 산양 178
소목 14, 15
  ▶ 멧돼지 146,
    고라니 156,
    노루 166,
    꽃사슴 174,
    누렁이 176,
    산양 178
쇠딱따구리 213
쇠오리 197
쇠족제비 ▶ 무산흰족제비
                 114
수건붙이 ▶ 노루 166
수달 118
수달피 ▶ 수달 118
수리부엉이 206, 207
수피 ▶ 수달 118
승내이 ▶ 승냥이 96
승냥이 96
승야이 ▶ 승냥이 96
스라소니 140
시궁쥐 ▶ 집쥐 61, 71, 221
시라소니 ▶ 스라소니 140
식육목 14, 15
  ▶ 너구리 84, 늑대 94,
    승냥이 96, 여우 98,
    반달가슴곰 100,
    불곰 104,
    족제비 106,
    무산흰족제비 114,
    수달 118,
    노란목도리담비 126,
    오소리 128, 삵 132,
    스라소니 140,
    표범 142, 호랑이 144
식충목 13, 15
  ▶ 고슴도치 32,
    두더지 34, 땃쥐 38

아
애기박쥐과 15
얼룩호래이 ▶ 표범 142
야시 ▶ 여우 98
여깨이 ▶ 여우 98
여수 ▶ 여우 98

여시 ▶ 여우 98
여우 98
염소 ▶ 집짐승 13
오리 ▶ 청둥오리 196
　　　▶ 쇠오리 197
　　　▶ 흰뺨검둥오리 213
오색딱따구리 210
오소리 128
오수리 ▶ 오소리 128
오시리 ▶ 오소리 128
왜가리 193
우는토끼 15
　▶ 멧토끼 73
우는토끼과 15
우수리사슴 ▶ 꽃사슴 174
우제목 ▶ 소목 14, 15
육식 동물 14, 21, 216
이리 ▶ 늑대 94
익수목 ▶ 박쥐목 13, 15

자
잡식 동물 22
장끼 ▶ 꿩 192, 202, 213
젖먹이동물 13
제담부 ▶ 노란목도리담비
　　　　　126
족 ▶ 족제비 106
족제비 106
족제비과 15
　　　▶ 족제비 106,
　　　　무산흰족제비 114,
　　　　수달 118,
　　　　노란목도리담비 126,
　　　　오소리 128

중대백로 194
쥐 58
쥐과 15
쥐목 14, 15
　　　▶ 청설모 42, 다람쥐 52,
　　　　하늘다람쥐 56, 쥐 58
지 ▶ 쥐 58
집박쥐 40
집쥐 61, 71, 221
집짐승 13
집토끼 ▶ 멧토끼 73
쪽제비 ▶ 족제비 106
쪽지비 ▶ 족제비 106
찌 ▶ 쥐 58

차
참매 206
첨서과 15
청둥오리 138, 196
청살피 ▶ 청설모 42
청서 ▶ 청설모 42
청설모 42
청솔모 ▶ 청설모 42
초식 동물 14, 20
초음파 ▶ 박쥐 41
측범 ▶ 표범 142

카
큰곰 ▶ 불곰 104
큰귀박쥐과 15
큰기러기 191, 204, 208,
　　　　213

타
토깨이 ▶ 멧토끼 72
토깽이 ▶ 멧토끼 72
토끼 ▶ 멧토끼 72
　　　▶ 집짐승 13
토끼목 14, 15
투구 ▶ 멧토끼 72

파
펠릿 20, 23, 205
포범 ▶ 표범 142
포유동물 ▶ 젖먹이동물 13
표범 142

하
하늘다람쥐 56
호랑이 144
호래이 ▶ 호랑이 144
호랭이 ▶ 호랑이 144
황가리 ▶ 족제비 106
황조롱이 206
흰넓적다리붉은쥐 60, 222
힝둥새 212

흔적 그림 | 문병두
1968년 전라남도 광주에서 태어나 중앙대학교에서 조각을 공부했습니다. 그린 책으로 《야, 발자국이다》, 《겨울잠 자니?》 들이 있습니다.

짐승 세밀화 | 강성주
1970년 전라남도 고흥에서 태어나 홍익대학교에서 동양화를 공부했습니다. 그린 책으로 《산짐승》, 《산짐승과 나무 열매》가 있습니다

감수 | 박인주
1945년에 중국 헤이룽장성 목란현에서 태어나 동북임업대학에서 야생 동물 생태학을 공부했습니다. 세계야생동물기금협회(WWF), 지구환경기금(GEF), 야생동물보호협회(WCS)와 함께 야생 동물 연구와 보전에 힘써 왔습니다.

* 발자국으로 찾아보세요.